學佛入門 7

學佛知津

FINDING THE PATH OF PRACTICING BUDDHISM

聖嚴法師——著

自序

這是一本新書，是從《什麼是佛教》、《佛教實用法》、《瓔珞》的三本舊書中選輯而成。也就意味著這是那三本書的精華。那三本書，分別出版於一九六四年及一九六八年，那些文章，寫成於山中掩關及禁足期間。由於當時的閱藏方向，著重於根本佛教或佛教原始面貌的探究，多半的工夫，放在阿含部及律部，這使我對佛陀化世的本懷及僧團生活的型態，把握到了源頭的景色，以致嗣後當我涉及大、小乘各宗派的思想之時，不再受一宗一派的模式所限，卻能從各派的優勝處得到法益。

個人雖不敢說這二十年來，在法門中有了多少進步，然在不斷地努力於修學佛法的過程中，也不斷地修正了自己的角度，立場未嘗稍變，表達的方式，則自覺有了若干程度的調正。故趁這次選輯的機會，除了文章的過濾，在文字上也略有精簡。並且給〈神通的境界與功用〉、〈神鬼的種類〉、〈佛教的道場名稱〉等篇，附加了許多條註釋。

這二十年中，由於此三本書中，收有幾篇適合許多讀者口味的文章，其初版又僅印了一千冊，故曾一再被人問及何時再版。也曾由程黃彩雲居士，將其中的兩本，分別於一九七九年及一九八一年，各印了一千冊，分贈結緣。尤以原收於《瓔珞》中的〈怎樣做一個居士？〉、〈怎樣修持解脫道？〉、〈為什麼要做佛事？〉的三篇，本來就是為了單行大量印發的小冊而寫，在國內及香港、星、馬各地，流通較多，而我自己，倒覺得那個階段的其他各篇文章之中，尚有不少篇的內容，相當紮實，它們是我寫作《正信的佛教》的同時期產物，也是為了相同的目的而寫，只是更加專題化、更加深入了而已。因此，本書的選輯，可為讀過《正信的佛教》的緇素大德，提供更多的佛教常識，名之為《學佛知津》。

一九八五年十月十三日序於臺北北投農禪寺

目錄

自序 ● 003
原始佛教 ● 007
佛教的倫理觀 ● 037
怎樣做一個居士？ ● 055
怎樣修持解脫道？ ● 082
為什麼要做佛事？ ● 109
神通的境界與功用 ● 126
神鬼的種類 ● 155
佛陀的生滅年月 ● 166
僧人的姓名源流 ● 175
佛教的道場名稱 ● 184

今後佛教的女眾問題 ● 200
化緣怎麼講？ ● 210
建寺做什麼？ ● 213
「大師」考名 ● 218
「舍利」考原 ● 223
「龍象」考物 ● 232

原始佛教

一、原始佛教的定義

對於佛教思想史的分期法，近代的學者之間，有著各種不同的看法。不過，一般來說，可以分作兩大類：佛陀時代的稱為基礎的佛教，佛陀以後的稱為發展的佛教。基礎的佛教，可以稱為原始的；發展的佛教，則又分為第一期——小乘部派佛教，及第二期——大乘宗派佛教。小乘的思想，著重出家僧團在註解釋義方面的努力。大乘的思想，則重於佛陀本懷在精神理想方面的發揮。但此二者的淵源，均不出乎原始佛教思想的延伸。

我們研究佛教，若不追本溯源，理解原始佛教，而只是光看小乘的部派佛教及大乘的宗派佛教，往往就會誤解佛教。乃至使你面對著三藏聖典，亦難免感到莫衷所以而難以決斷和取捨。這就是因為發展的佛教之中，均已多多少少加入了歷代古人的思想，以及各個時代環境中的特殊成分。因此唯有研究了原始佛教，才能真正了解佛教的根本精神。

二、佛陀及其教團

（一）出家以前的菩薩

我們現在所講的佛陀，就是距今二千五、六百年前生於印度的釋迦牟尼。佛陀是由行了菩薩道而完成的。尚未成佛的佛，通常稱為菩薩，此處是指釋迦佛的最後身菩薩。

出家之前的菩薩，乃是一般人格（凡夫）的榜樣。身為太子享盡人間一切富貴尊榮，這是人間福報的模範；自幼好學深思、博聞廣識，文藝武功的造詣為當時之極致，這是人間智者的模範；事父母以孝敬，蓄妻生子一如常人，這是人間倫理的榜樣。由此可見，成佛的基礎，先要具備一般人格的條件。

（二）由苦行至成佛

這一階段的釋尊，是從一般宗教的信仰和實踐，而轉為獨創思想的過程。他由二十九歲出家，苦行六年，至三十五歲成道。最初修學印度神教的法門，信仰梵天，修禪定，習苦行，由信起修，修禪定而達到最高禪境的非想非非想處定。

繼之，修苦行（持外道戒）六年，日食一麻，以維生命，形銷骨立，而不退心。這確是一般宗教徒的最佳榜樣了。修禪定，乃是印度傳統的宗教行持法；修苦行（戒），則為印度當時反傳統的新興宗教行持法。釋尊的學習過程是沿著歷史的軌跡，進入新的天地。最後，他卻體認到了，光靠定和戒的方法，不能真的達到解脫的目的，於是主張以智慧的觀照，來衝破生死苦海的藩籬；戒、定、慧三學具足，才是求取解脫的唯一法門。

低級的宗教，止於盲目的信仰；高級的宗教，則在信仰之後，必進而修行。釋尊是由一般的高級宗教之中信行而來，並非否定了一般的宗教而獨創佛教，乃是透過一般宗教的信仰和實踐而另設佛教。佛教的尊貴和崇高，即在於此。既能肯定一般宗教的價值，又須以智慧的抉擇，對之做理性的考察。不像一般的宗教，僅鼓舞人們去服從「神」的「權威」，而不許用歷史的方法及科學的角度，對他們的「神」做理性的考察。

因此，一般宗教的實踐，止於戒和定；佛教的實踐，則於戒、定之上，增加智慧。所以，釋尊是一般宗教徒的最佳榜樣，他是超越了一般宗教而始創了佛教。

（三）佛陀的一生

佛陀成道之後，直到八十歲時進入涅槃，他是做為一個佛教徒的最佳榜樣。福慧兩足，悲智雙運。空我執而斷除一切的煩惱——自求解脫；空法執而廣度一切的眾生——使人解脫。佛是由於行了菩薩道的自度度人而來。成佛之後的釋尊，雖已功圓果滿，但仍不放棄任何一個說法度人的機會。他以深邃的智慧，配合和平中道的態度，發揮利益眾生的精神。他沒有做為領袖的希望，由弟子們自然形成的僧團，卻在無形中以佛陀做為最高的中心；他不主張以神異怪誕之術做為弘化的手段，佛的神通境界也非任何一人所能企及；他從來不會以權威者自居，佛的言行卻為千年萬世之所仰止。

在佛的一生之中，並非沒有不如意事，但他總是以慈祥溫和的態度，處之泰然。他的悲心願力之偉大堅強，卻又不是任何一位宗教家所能比擬，和平中正而剛毅不屈。成了佛的釋尊，絕不是以此而想求得什麼，乃是以身示範，做為弟子們的榜樣而已！人若能與釋尊一樣之時，他也必已成佛了。

（四）佛陀的教團

釋尊成佛之後，席不暇煖地遊化於恆河南、北的兩岸。遊化度眾的結果，由於弟子們的追隨和聚居，佛教的教團便自然形成。教團分子，分為七等，稱為七眾：

1. 比丘：出家已受具足戒的男性弟子。
2. 比丘尼：出家已受具足戒的女性弟子。
3. 式叉摩尼：由沙彌尼進入比丘尼階段中的女性出家弟子。
4. 沙彌：出家但尚未受具足戒的男性弟子。
5. 沙彌尼：出家但尚未受具足戒的女性弟子。
6. 優婆塞：在家的男性弟子。

7.優婆夷：在家的女性弟子。

以上七眾，總名之為僧團。他們是以所受戒法的多少而分等次。故在原則上雖然七眾均屬於僧的範圍，真正負起住持佛法及領導僧團之責任的，則以出家僧為主，尤其是以比丘及比丘尼僧為主體。

三、原始佛教的教團生活

這可以分作三方面來講：

（一）民主的僧伽制度

此所謂僧伽，就是教團，就是僧的音譯的全音。從佛陀的教團之中，最能看出佛陀是主張民主制度的一位先驅。現舉四點如下：

1律儀是由於大眾的要求而制

佛成道後的第一年，就度了好多弟子出家。在最初五年，沒有制定戒律的條文。舍利弗尊者請佛預先制定戒律，釋尊卻回說：「舍利弗，我此眾淨，未有未曾有（的惡）法；我此眾中，最小者得須陀洹（小乘初果）。諸佛如來，不以未有漏（的惡）法而為弟子結戒。」（《五分律》卷一）這是說，佛陀不願小視他的弟子們，弟子們尚未做出違背佛法的行為之前，他如預先制戒，那就像給尚未犯罪的人，預先加上枷鎖一樣了。這與神教的信仰者，一開始就由神給他們頒下神約或誡命的精神相比，實在不可同日而語。

佛陀成道後第五年，最初有弟子行了惡法，佛在大眾的要求之下，便開始為僧團制戒。縱然如此，佛所制的戒律，也非一成不變的。若由於實際的需要，在大眾僧的要求議定之下，仍可請求修正，而且可以再三再四地修正。例如比丘戒中的「若比丘與女人說法過五六語，除有智男子，波逸提」這條戒，前後一共修正了十一次之多。

若以現代民主政治的術語來說，這就是人民「大眾」有創制（立法）的權利，也有複決的權利。憲法是由全民的意見所制定，行使之時，則由總統公布之。戒律是由僧意而制，佛陀不過是順從僧意而將之公布實行。可見佛教的民主制度，早在二千五、六百年之前，已在印度實行了。

2 僧事訴之於僧斷

此所謂僧事僧斷，就是僧團大眾之中所發生的事，應由僧團大眾採用會議方式來處理。會議的總名，叫作羯磨。羯磨的種類，共分單白、白二、白四三大類，計一百零一種。所謂單白，是處理常行慣行而應行的事，只要向大眾宣告一遍即可。白二是宣告一遍之後，再說一遍以徵求大眾的同意。白四是在宣告一遍之後，再做三番宣讀，每讀一遍，均做一次徵求同意。若大眾之中無異議，即算一致通過，若有一人提出合理的異議，便不能成立，這是採用一致通過的民主議程。

因此，羯磨之在佛法中的地位，相當於「民權初步」之在國父遺教中的地位，它是一種會議程序的規定。凡是不尊重會議決定的團體，不會是民主精神的團體；佛教則以為，凡是不注重羯磨的僧團，一定不是清淨和樂的僧團。

3 僧權的取捨及其資格

佛教的僧團是民主的，但是在民主的精神下，必有資格的限定，權利的享受及義務的遵守，均有分際。要做為一個民主制度下的公民，他首先要具備行使民主權利的基本條件：年齡太小、智力太低，或者違犯了國法的人，便不能行使民權。因此，沙彌不能參加比丘的羯磨，比丘戒臘在五夏以上始可做為人師，比丘戒臘在十夏以上始可度沙彌出家。若不自知佛法和戒律的持犯者，雖百夏比丘，也無行使僧權的資格。若自己嚴重地違犯了戒法，應即接受大眾的制裁而放棄一切僧權，直到受制裁的時限屆滿，再行恢復僧權。也有極嚴重者，褫奪僧權以至終身的，那叫作「波羅夷」。

僧中執事的選舉與罷免，就是根據這種僧權資格的標準，而決定取捨。

4 平等的僧權及僧階的建立

民主的社會，必然要以平等的權益做為民主建設的基礎。所謂平等，是基於同等的地位、同等的人格、同等的機會而建立各人的事功，這是立足點的平等。人人都有同等的地位、人格和機會，但由於個人天賦資質及後天勤惰之不同，以及進身的先後和對環境抉擇與適應之不同，人與人之間，即產生了社會地位的尊卑、倫理輩分的長幼、因緣際遇的懸殊。所以，健全的民主社會，並不是要把全部的階級一律劃平。

在佛教的僧團中，長幼有序，尊卑有次，條理井然。以全體佛弟子來說，所受的戒別愈高，地位便愈高。以同一種戒別來說，受戒的時間愈早，地位便愈尊，乃至先後相差日光移動的一根針影。但是，佛教的戒律，不是機械性的，是有伸縮性的。

位尊者稱為上座，《阿毘達磨集異門足論》卷四，將上座分有三種：1.戒長的生年上座，2.世俗的福德上座，3.道高的法性上座。此三種上座，均受尊敬，但以生年上座及法性上座為準。如果戒臘雖長而無智愚鈍，則應尊敬法性上座。所以律中規定，如果戒年淺者，有德多智，戒年高者，愚鈍無智，應以無智者親近有德者，除了不禮其足，一切當如弟子事師。

（二）自由的僧伽教育

我曾在《正信的佛教》最後一節中說過：「在根本佛教的教團社會，乃是徹底的無政府主義，並沒有主從及隸屬的分限，大家在佛法的原則之下，人人平等，在佛法的範圍之內，人人自主（自由作主），所以，縱然是創立佛教的釋迦世尊，到了將入涅槃時，還對阿難尊者說：『如來不言我持於眾，我攝於眾。』（《長阿含經．遊行經之一》）」這是充分地表明了佛教是自由思想及自由生活的實行者。現在列舉五點如下：

1有僧團的實質而無固定的建制

出家的弟子們，最初並無寺院可居，他們如閒雲野鶴，日中一食，樹下一宿，托缽乞化千家飯，身披糞掃百衲衣。他們追隨佛陀，周遊弘化，或者離佛獨行，各化一方。佛陀絕不像後代寺院的住持們，要為大眾的衣食張羅。但是，他們每到一處，縱然臨時息腳，也要為他們自己劃定一個範圍，稱為結界。凡在這個範圍內的出家人，便自然地成為一個僧團，要一同誦戒，一同舉行羯磨（會議）。任何人要離開甲地去乙地時，均可自由作主。到了後來，雖有了僧舍的建立以及寺院的出現，但仍流行著這樣的一句話：「千年的常住，雲水的僧。」寺院永屬十方的，僧人可以自由自在地來往於十方的寺院之間，這實在是自由生活的最可愛處了。

2佛的弟子可以各隨其意而各修其法

佛是究竟圓滿了的完人，但他對於弟子們的修學指導，絕不做硬性的規定，只要在原則上不違背佛法，弟子們要如何，盡可以照著他們自己的性格和興趣而修行。不像耶穌對於門徒的選擇時，要人人都得學他自己的模樣去做（請參閱拙著《基督教之研究》第四章第二節）。

因此，我們通常知道，佛的十大弟子，各有一門專長。又在《雜阿含經》卷十六中，舉出了佛的十三位大弟子，他們各有一種第一的特殊性格，也各有他們共同修學的伴侶。

3 隨時毘尼與隨方毘尼

毘尼就是律制。律制的性質和現代各國的法律相同。法律乃為各個國家民族之風俗與習慣的延伸。佛教的戒律條文之中，有的根本不適於在印度以外的地區來實行，這就是它有地方性的色彩。有些規定，根本是由於隨順當時民間乃至外道的習俗而制。後世的律師們，為了尊古崇佛，所以不敢改動。其實，佛在《五分律》卷二十二中已經明白地告訴了我們：「雖是我所制，而於餘方不以為清淨者，皆不應用；雖非我所制，而於餘方必應行者，皆不得不行。」這叫作隨方毘尼。根據隨方而變的原則，自亦可以隨著時代的不同而做適應性的求變，仍為佛所許可。

4 佛法不一定須由佛說

佛法的法性，本來如此，永遠公開，不是由佛出世而重新創造。佛法是宇宙人生的原理，證此原理者，便能解脫。若能將其所證的宇宙人生的原理說出來，就是佛法。若其所證的程度與釋尊相同，他便是佛。所以，佛與佛子的差別，不過是對這原理所解（證悟）的程度不同，而不是本質的不同。證得一分原理，便是理解一分佛法。因此，凡是真修實學而有了心得的佛子，均可將自己的心得，提出向大眾報告，那也即是說的佛法。故在佛經中宣稱，佛法係由五種人所說：1.佛陀，2.佛的弟子們，3.天仙，4.神鬼，5.變化的人。佛陀常勸弟子們代佛說法。佛也曾說已說之法如手中葉，未說之法如林中葉。這是說明了佛陀不是思想的專斷者，思想乃為眾生的公器，豈能君臨一切，只許自己發明而不准他人發明呢！

5 依法不依人

由於主張佛法不一定須由佛說，進一步就建立一個觀念——不得以人廢言。惡人說了好話，惡人雖不可取，他所說的好話，仍應受到重視。同時也要廢除思想上的偶像崇拜，佛陀所說的正法，固然要信受奉行，如果有人假託佛陀之名而說的邪法，我們卻不能因了佛陀的名而接受它。再者，佛陀主張弟子們應當依他所說的法去實行，便得解脫；如果僅僅以親近瞻禮佛陀的身相，那是無大用處的。故在《四十二章經》中說：「弟子去，離吾數千里，意念吾戒

（法），必得道；在吾左側，意在邪，終不得道。」

（三）積極的倫理實踐

此所謂倫理，就是道德律。一般人誤認佛教是逃世和遁世的，少數的人信仰佛教之後，的確也有這樣的趨勢，所謂看破了、放下了，一了百了、逃之夭夭！這實在是受了中國老莊思想的影響而變成的「逃禪」，絕對不是原始佛教的精神。因為佛陀成道之後，並沒有逃避現實的人間。佛陀當時的羅漢弟子們，多半也是以人間遊化為主要工作的大宗教家。現舉佛教的報恩思想為例而說明如下：

佛教是報恩主義的宗教：上求佛道，下化眾生，中於人間相處。他們的態度，都是在報恩思想的範圍內進行。佛教徒的恩人有四大類：

1 三寶恩

由於僧寶的接引開啟而知信佛學佛；由於法寶的信受奉行而有解脫乃至成佛的可能；由於佛寶的慈悲將他經歷了三大阿僧祇劫以來而悟得的法寶宣說出來，我們才有成佛的方法可信可學。所以三寶對我們有無上的恩德。

2父母恩

母有懷胎生育之苦，父有扶養教育之勞。我們自從呱呱墜地，而至長大成人，不知要花費父母的多少心血。最低限度，我們之有這個身體，是來自父母的遺傳。平常人送我們一些身外之物，我們也要感恩圖報，何況父母是送了我們一個身體呢？平常人救助我們於命危之際，也覺得是恩同再造的父母，那麼，真正的生身父母，該有多大的恩德了？

因此，佛在《五分律》卷二十中要說：「若人百年之中，右肩擔父，左肩擔母，於上大小便利，極世珍奇，衣食供養，猶不能報須臾之恩。」《增一阿含經》卷十一則說，吾人供養父母的程度，應當準同供養一生補處的大菩薩。通常說是各人的堂前就有兩尊活菩薩，一尊是父親，一尊是母親。出家人似乎不要父母的了；其實，佛陀規定，若父母同意你出家而無人供養其生活者，你也必得盡心盡壽供養父母。

3國家恩

由於國家的國防設施，我們可以不受外強的侵擾；由於國家的法律保障，我們可以不受盜賊及惡人的損害；由於國家的政治制度，我們可以同舟共濟而國泰民安。所以我們要愛護國家，報效國家。

4 眾生恩

我們生存於天地之間，不能無助，「一粥一飯，當思來處不易；半絲半縷，恆念物力惟艱。」來處為何不易？物力為何困難？要知道，我們吃一粒米時，或穿一件衣時，其中包括了多少人的智力和勞力。從物種的發明利用、改良培植，到播種、耕耘、施肥、收穫、搬運、加工，而到成為粥飯，成為衣服，其間所用的器具、方法、人工，也各各有其一部漫長的文化史。

可見，當我們得到一粥一飯與半絲半縷的時候，該是承受了多少人的智力和勞力所賜予的大恩大德了。因而，我們將自己貢獻給社會的大眾，為的是要報恩而非施恩。這還是僅就人類而言，若透過三世因果及六道輪迴的關係來看，一切的異類眾生，亦無一不是自己的恩人。所以，菩薩廣度眾生，是懷著報恩的心情，絕對不敢反以做為眾生的恩人自居。所以，眾生以菩薩為福田，菩薩則以眾生為福田。

四、原始佛教的教理思想

原始佛教，講民主，講自由，講適應環境，但它萬變不得離其本，那就是由佛陀在菩提樹下親證實悟的四聖諦。四聖諦是說明人生生死的原理，以及如何脫離生死的方法。現在逐層介紹如下：

（一）什麼叫作四聖諦？

四種由大聖佛陀所開示的真實不易之理，便稱四聖諦。要想超凡入聖者，必須明此四種真理並且如此修行，所以叫作四聖諦。這四種真理的大意是這樣的：

1苦諦

生命的現象是苦的果報。一切眾生之有生死之苦、病痛的苦、衰老的苦、恩愛離別的苦、怨家見面的苦、欲求不得的苦、種種由於生理和心理互相衝突的苦。整個生命，無非是一大苦惱之海。雖在人的感受之中，並非完全沒有愉快歡樂的時日，例如：久旱逢甘霖、他鄉遇故知、洞房花燭夜、金榜題名時，乃被古人稱為人生的四大賞心樂事。但是從其結果上說，仍舊是苦。佛陀將如上一切現行的苦，叫作苦苦。喜愛的事物，憂慮它們將會損壞消失的感受，叫作壞苦。一切可喜可樂的事物，當其正在出現之際，實則已在轉變消失之中，這叫作行苦。世事無常，哪有永恆的歡樂？沒有不散的筵席，亦無不凋的鮮花。樂事如夢，曲終人散，末了，必以苦的心情向這世間揮手告別。若不解脫，死後又生，生了再死，永無了期！苦由何來？這就要講到集諦。

2 集諦

是指苦的原因。眾生從無始以來，由於愚癡煩惱而造作種種的善業及惡業。善業的果報，生於人間及天上；惡業的果報，生於地獄、鬼趣、傍類眾生。因為惡多善少，所以生於人及天上的機會較少。縱然生到天上，壽命仍有極限，仍不能夠出離生死的苦海。同時，一邊接受苦的報應，正在接受苦報之時，一邊又造下了新的生死之業。所以，造業而受報，受報而造業，周而復始，永無了期。受報是苦諦，造業便是集諦。如何不再造業？那是滅諦的境界了。

3 滅諦

滅除了愚癡的根源，滅除了煩惱的根源，證入了無我的境界，不起人我之見，不著善惡之相，不介是非之爭，寂寂默默，清清淨淨，不生不死，無罣無礙，那是滅諦。如何親自證實這個滅諦的境界？那是要靠道諦的工夫了。

4 道諦

由修行而證悟寂滅（涅槃）之道的方法，稱為道諦。也就是斷「集」、離「苦」、入「滅」的修行法門。主要有八大項目，稱為八正道，此到下面再講。

現在我們要把四聖諦的內容，換一個角度來介紹它，那就是十二因緣、三法印、八正道。十二因緣是解釋苦、集二諦的，三法印是解釋滅諦的，八正道是解釋道諦的。

（二）十二因緣是什麼？

這是說明人生命之生死循環的原理，共有十二個階段。由於無始以來的無明愚癡，而引導我們造作種種的善惡行為；由行為的餘勢（業力）而積聚成為生命之流的主體，叫作識；由識而感受生命的身心現象，叫作名色；名色住胎而漸生起眼、耳、鼻、舌、身、意的身心狀態，叫作六入；由六入的出胎而接觸到外在的事物；由與外在事物的接觸而有苦、樂、憂、喜、捨的感受；由感受的分別作用而有瞋愛之心生起，瞋愛之心表現於外，便是取、捨、求、拒的種種善惡行為；由於這種種善惡行為，便又有了必將接受未來果報的業因；既有了今生的業因，當受來生的生命；既有了來生的生，又必有來生的老與死。這是生命之流三世迴環的因果定律：造業因的集，受果報的苦，再由苦而集，由集而苦，生生不已，也死死不已！現在為便於增加印象起見，再將十二因緣配合苦、集二諦的三世因果關係，列表如下：

因 ← 過去世 — 集諦 —┬ 無明
　　　　　　　　　　└ 行

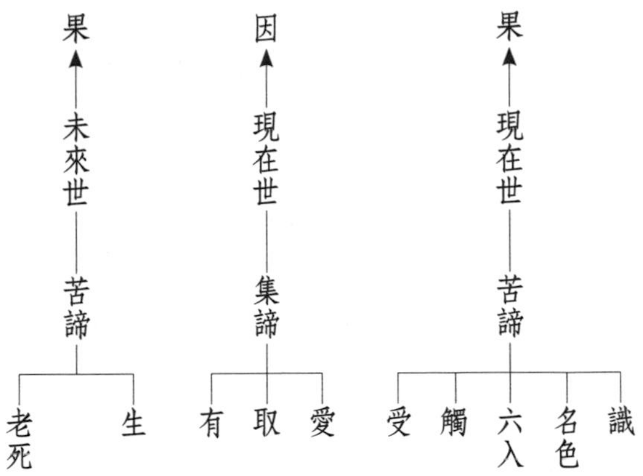

（三）三法印是什麼？

這是說明宇宙人生之現象及本體的三條定律。在沒有介紹這三條定律之前，先要介紹五蘊法。所謂五蘊，就是包攝一切現象的五大要素。這五大要素總攝一切現象而來說明物質世界及精神世界。

因此，五蘊法應分作兩大類，列表如下：

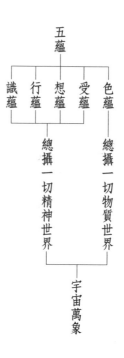

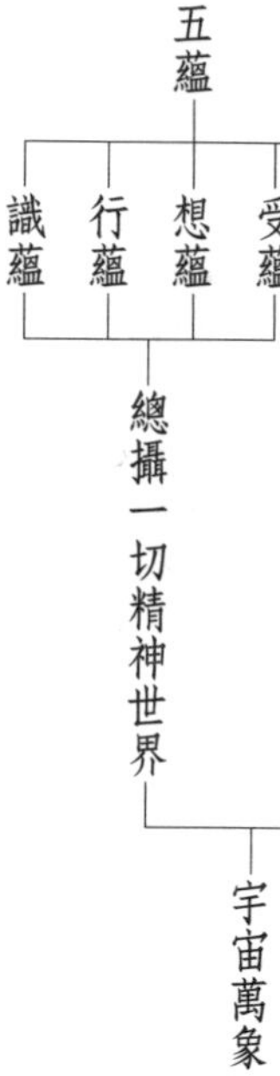

以五類名目包羅宇宙萬象，稱為五蘊。可見這個蘊字是當作類別或聚集之義來解釋的。

在這裡，要講到佛陀聖教的最偉大處，那就是悟透一切現象的生、住、異、滅，均係因緣促成。因緣聚合則生，因緣分散即滅。比如我們今天的講座，本來是沒有的，由於臺北佛教界為了響應復興中國固有文化的號召，所以籌備成立，又因為善導寺提供了彌陀殿做為講座的場所，又在《中央日報》登了廣告，並在市內各處貼了海報；又由於我聖嚴略通一點佛學常識，所以被邀請來和各位見面。最要緊的，如果各位之中，誰也沒有聽我演講的興趣，這個講座還是講不起來。可見，僅僅這個講座，就要仰仗許多的因緣。以此類推，一切現象，無非因緣的聚散而已。

神教徒說宇宙現象是由神造的，佛陀就之觀察的結果，便將神造之說徹底否定，而倡因緣生滅的道理。神造之說，是基於信仰的武斷，因緣生滅，乃本於理性的考察。因為，由於因緣所生的一切現象，不可能是永恆不變的。古代人相信「天長地久」之說，實則以近代地質學及天文學的觀點，天體永遠都在變動之中，地球也在逐漸衰老之中。一切現象既非永恆，一切現象所產生的任何價值，當然也不可能屬於任何人得而永恆占有。

如果看破了萬象非永恆，也認明了萬象的價值之中不可能有個永恆實在的我，實證了這個無常與無我的道理，當下便可進入涅槃的境域了。無常、無我、涅槃，這便是三法印。

為便於了解起見，再將三法印列表說明如下：

三法印	諸行無常	諸行是五蘊法	宇由的現象是無常
	諸法無我	諸法是現象的類列	現象無常故無我
	涅槃寂靜	涅槃是諸法的空性	空性不動故寂靜

這是一切法的準則或原理。所謂佛法，無非是從這準則的基礎上開發出來，所以，凡是合乎這個準則的思想，不論出於何人的發明，均可稱為佛法。以這三句話來印證一切的思想，只要不違背這三句話的準則，即是佛法。這是佛法與非佛法的度量衡，所以稱為三個佛法的印鑑。

親證三法印，便入解脫門的寂滅道。所以，三法印即是用作四聖諦的說明者。

（四）八正道是什麼？

八正道又稱八聖道。即是修持解脫聖道的八種正確的方法，這也就是四聖諦中道諦的內容。但這八種聖道，有其演進的軌跡，現在分述如下：

1 由五戒而成十善

所謂五戒，便是⑴不殺生，⑵不偷盜，⑶不邪淫，⑷不妄語，⑸不飲酒。這五戒的前四條，乃為一切人類的基本德目。印度原來的婆羅門教，以及稍前於佛陀的耆那教，乃至其他如猶太教與基督教，都有類似的規定。

佛教是主張智慧，並重視理性的宗教，故以為若要做一個有道德的人，應當於前四條之後加一條不飲酒。不飲酒的確可有防止破犯前四條戒的功用，這是前四戒的防腐劑。

由五戒之前四條的伸張，發展為十善，即是將妄語一戒之內分列出為妄言、綺語、兩舌、惡口。更發現犯戒的動因，是由於心念中的貪欲、瞋恚、愚癡的主使，合上殺、盜、邪淫，正好成為十種惡業。對治十惡的方法，便是反過來修行十種善業。

2 由十善會成三業

十種善業的表達，是由於身體、口舌、意念而形成，所以稱為三業，可以列表如下：

三業	身	不殺生、不偷盜、不邪淫	十善業
	口	不妄言、不綺語、不兩舌、不惡口	
	意	不貪欲、不瞋恚、不愚癡	

3 由三業出八正道

從性質上說，十善業尚只是消極的不作惡，到了八正道，才是積極的行善。所以，行十善，僅是修的人間及天上的福業，尚非解脫道。修八正道才是了生脫死的正因。八正道是由身、口、意三業的積極化，說明如下：

(1)正見——此為正確的知見，乃以三法印為指導。

(2)正思惟——對正見做深入的思考。

(3)正語——用口業來實踐正見所指導的修行方法。

(4)正業——用身業來實踐正見所指導的修行方法。

(5)正命——用正當的謀生方法賺取生活的所需。

(6)正精進——策勵三業，日新又新，至於清淨。

(7)正念——繫念於聖道的實踐，心不旁鶩，意不散亂。

(8)正定——心力集中，不動不搖，不受五蘊的誘惑束縛，便可出離生死，而入涅槃。

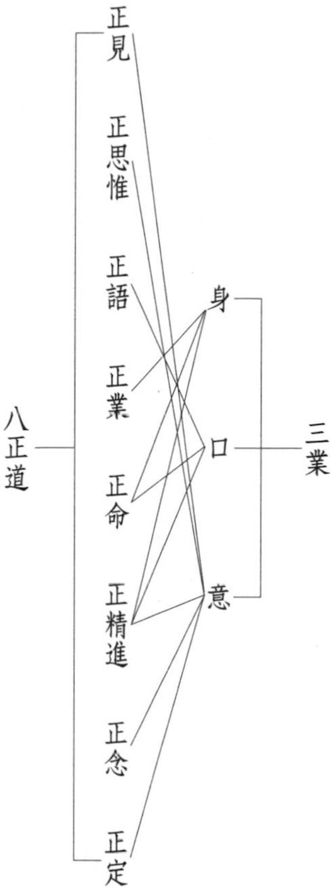

4由八正道會成三學

此所謂三學，又稱三無漏學，就是前面所曾講過的戒、定、慧。出生死者，必修八正道，修八正道實又不出戒、定、慧，它們的會合關係，可如下表：

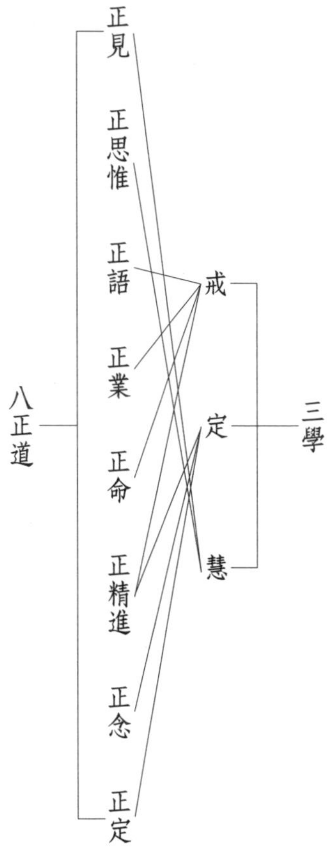

5 由三學而出六度

六度在梵文稱為六種波羅蜜多，即是六種將自己和他人由生死的此岸，度到出生死的彼岸之方法。在五戒十善，是消極的不作惡；在八正道的戒、定、慧，是積極的修持解脫道；到了由三學而出六度之時，便是修的自他兼濟的菩薩行了。例如僅修八正道的人，不做布施，不會有罪。修六度行的，若不布施就算犯戒了。布施分有財物布施、說法布施、以精神的安慰及鼓勵（無畏）來布施的三種。有財的出財、有力的出力（智力與勞力），無財無力的，尚必有你的同情心、讚歎心、歡喜心可做布施。這是菩薩以利人為第一要務的原動力。現在將三學開出六度的配屬關係，列表如下：

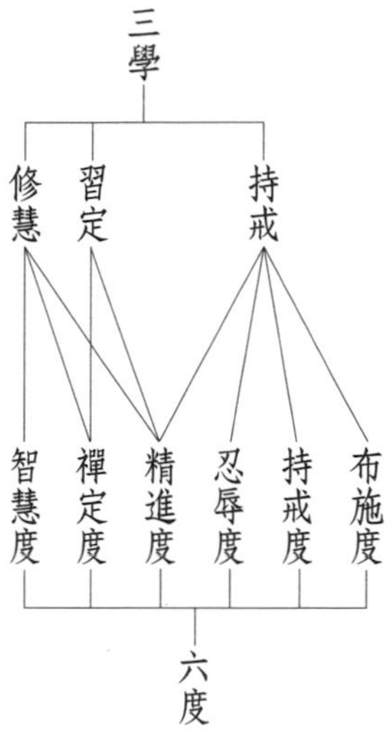

一般人以為六度法門是屬於大乘佛教的，其實在原始佛教時代已有六度，例如被傳統的中國佛教徒貶稱為小教或藏教的《增一阿含經》卷十九，就明白地載有六度法門。同時，大乘佛教的化世精神，也係由六度而繼續開展出來的。

六度的涵義極其深廣，由於時間關係，今天在此已不能和各位詳細研究了。如有機會，再和各位研究兩個重要的項目，那便是：由原始佛教到小乘佛教，由小乘佛教到大乘佛教，其間先後次第的發展，均有脈絡可循。例如由原始佛教因緣生法的基礎，後來即成熟為龍樹中觀系的性空大乘；由原始佛教五蘊分析的基礎，後來即成熟為無著瑜伽系的唯識大乘。

謝謝各位的光臨指教，連續耽誤了各位三個晚上寶貴的時間。這幾天的臺北市，陰雨連綿，各位能夠風雨無阻地每晚必到，使本人非常感激；尤其今天晚上，因為準備資料較多，我又未能把握住時間，以致多講了半個小時，各位仍能毫無倦容地聽完為止，太使我感動了。

以我的學養而言，實在不夠也不敢來向各位演講，所以，我是抱著向各位請教並求各位印證的心情而來。最使我安心的，我在大陸時代的兩位老師也都在座，那就是白聖老法師及南亭老法師，如果我講錯了，他們兩位老人家會給我開示和糾正的。

最後，謝謝本講座的主持人道安老法師給我的讚譽和慰勉，謝謝各位，祝福各位晚安。

（一九六七年四月二十三日至二十五日講於臺北佛教界「佛教文化講座」第五次）

佛教的倫理觀

一、何謂倫理觀？

人與人之間的相處，如果希望彼此能夠互相協助與共同合作，就不能沒有人與人之間的各種關係。這種正常的關係，可用兩個名詞來說明，那就是各人應負的「責任」或應盡的「義務」。

人與人之間的關係，叫作人倫。人倫的道理，叫作倫理。研究人倫道理的學問，叫作倫理學。倫理學的定義：研究人類的責任或義務的科學。對於這種責任或義務的看法，便稱為倫理觀。

研究倫理學的範圍，分有兩種：一種是理論的倫理學；一種是實踐的倫理學。前者是探究倫理的根本原理或普遍原則，即是說明為何要有應負的某些責任，或應盡的某些義務；後者是研討人生的行為價值，並指導人類的處世方法，即是說明如何去負起某些應負的責任，或如何去盡到某些應盡的義務。

因為人類的思想，各有各的角度和深度，所以對倫理的看法，也各有不同之處。唯其人類總是人類，所以人類的基本觀念，一定是相差不多的。

二、什麼是佛教的倫理學？

我們既已知道，倫理學是研究人類的責任或義務的科學，那麼，衡之於佛教的整個內容及其全部精神，無非是為了倫理學的配置而做的設施。全部教理的開展，乃係理論的倫理學；一切教儀的遵行，乃係實踐的倫理學。

理論方面，固然浩瀚博大，若以綜合介紹，不出無常、無我。實踐方面，固有八萬四千法門之說，若予歸納來說，也不出戒、定、慧的三無漏學。

現在先談理論方面的：

佛陀成道後，最初說法度人，即是說的無常、無我。因為眾生之有苦惱，根源在於有生有死，有生有死的根源，在於迷失了本具的佛性，誤將無常的萬物現象當作恆常不變的，誤將非我的內外事物當作是我及我所有的。因為誤認萬象是恆常不變，所以生起依賴心；因為誤認內外事物是我及我之所有，所以生起執著心。有了依賴心和執著心，便會引起貪、瞋、癡等種種的煩惱心。比如對於可欲的事物，常希望得到它，得到之後，仍嫌太少，又恐怕已得的少許，也會失去；對於不可欲的事物，不希望得到它，得到之後，雖然不多，已夠煩惱，何況唯恐將會來得更多。像這種患得患失的心理，便是由於有一個常有之我的觀念而來。

有了患得患失的心，人便生活在煩惱苦痛之中了。而且繼續製造出永無了期的更多的煩惱之果與痛苦之因。首先將他人與我對立起來，再將自我用煩惱與苦痛，築起一個生死的牢獄，把我關進了生死的牢獄。

事實上，真所謂「世間本無事，庸人自擾之」。若能細加考察，一切現象，無非因緣的假合而暫有。一切現象的價值之中，也根本不可能有一個恆常不變的自我。一切現象的存在，是由於各種因素或關係的配合及分散。關係配合時，產生暫有的現象；關係變更時，現象即隨著變動；關係分散時，現象即歸於消失。我們舉一個例子：像我聖嚴身上穿的這件長衫，它原來是沒有的，當我們人類需要它的時候，人們即利用棉花，紡成紗，織成布，染上色，裁剪縫紉，即出現了這件長衫。我人需要長衫，是長衫出現的主因。利用棉花、紡紗、織布、染色、裁縫，是長衫出現的助緣。如果願意分析這件長衫的話，那麼，除了它的主因和助緣的聚集，就沒有長衫這樣東西可見了。再進一步看，我這件長衫完成之後，是不是就能永遠存在於世呢？這又是不可能的。因為當我穿著它的時候，它就開始舊了，多穿一次便更舊一次，穿上幾年，它就被我穿得破舊不堪而不能再穿了；縱然我不穿它，做好之後就藏在箱底，可是，過了幾十年後，它也會漸漸地毀敗。因此，據科學家的實驗，若用精微的儀器觀察一切現象，無一不在剎那剎那地生滅變化著它們各自的組織關係。可見世間的一切現象，無非假有和暫有，並非永恆的常有。既非永恆的常有，若要對它們生起依賴之心，豈非可笑！

世間的一切現象，既非永恆的常有，「我」及「我所有」的觀念，也就無從立腳了。所謂「我」及「我所有」的觀念，可分精神和物質的兩方面來說，這在佛學的專有名詞，精神的部分稱為「正報」，即是生命的主體；物質的部分稱為「依報」，即是生命所賴於顯現的附屬品。

我們先說物質部分的我及我所有：這可分作身內和身外的兩部分。我們的自我感，首先是對自身的肯定為「我」。以身體就是「我」的表徵，有人損害到自己的身體，就會起而與之對抗乃至反擊，這是把物質組成的身體，當作「我」了。再進一步，對於身外的資生之物，也看成為我，若有他人對我的資生之物或愛好之物，加以損傷或侵奪，我人就會對他起而抗拒衛護，乃至有人可以犧牲性命，而去爭取身外的財物，真是所謂要錢不要命。又有所謂人為財死，鳥為食亡。把外在的我執再擴大出來，就有爭王、爭霸、爭江山、打天下的事情發生，而且層出不窮。事實上，我們如願稍加考察，物質部分的我，根本不是「我」的主體，而是「我」的所有物，比如我們的身體，粗看起來好像就是「我」的主體，其實，我們的身體是由五官四肢、五臟六腑、血肉筋骨、皮毛爪髮等所聚合而成，如說身體是「我」，那麼究竟是身體的哪一部分是「我」呢？顯然地，把它們這些零件拆散開來，固然無「我」可求。把它們集合起來，依舊不見有「我」。否則，經過外科手術切割下來的斷肢腐肉，應該仍然是「我」，而當聽從「我」的心意去動作；剪下的頭髮甲爪，乃至汗水、唾液、屎尿等的排泄物，也該仍然是「我」，而當聽從「我」的心意去動作。可見，我們的身體並非即是「我」，要不然，人也不應死，因為人皆不希望死，當該決定自己不死。縱然死了的屍體，也該和活人一樣才對。由此推知，身外的資生之物或愛好之物，更加不是「我」了。身體是「我」的所有屬物，身外之物或愛好之物，乃是身體的所有屬物。對於身體誤以為「我」，是由於內在「我」的移情；對身外之物誤以為「我」，更是移情之「身我」的外延和膨脹。總之，這都是一種虛幻的妄情所現，因為尚有一個「我」的主人翁躲在幕後哩！那就是俗說的靈魂，在佛法來說，即是「正報」精神部分的心識。

現在再看我們那個精神的「我」及「我所有」，是否真的存在？在前面已說過，世間的一切現象都是無常的。物理現象、生理現象，即是如此，屬於精神的心理現象，亦復如此。我們的心念之波動起伏，好像長江大海的水面，真所謂無風三尺浪，而且後浪追前浪，一浪接一浪，相繼不已，瞬息變化。所以，雖在我人身體的幕後，有著這麼一位大導演。這位大導演的面貌，卻也是變變不已，捉摸不定的。這在佛教，稱它為「識」而不是俗稱的靈魂。因為俗稱的靈魂觀念，是固定性的生命的主體。人的生死死生，一般人即以為，不過是這個靈魂從這個肉體搬到那個肉體之中，肉體雖可搬來換去，靈魂卻永遠是固定而不變的。這在佛教，便把存有這種想法的人們，稱為「常我外道」。佛教所說的「識」，即是心的異名。心的現象，既是變易無常的，識的內容，必然也是變易無常的。心識的活動，必定要對它自己負責。識的狀態，有點像近代的錄音帶，一方面它能把外在聲音錄進去，一方面又能把已經錄進去的聲音放出來。我人的心識也是如此，它把我人的行為影像（業）記錄進去，同時又把已經記錄進去的行為影像（業）顯現出來。前者是造業，後者是受報。有業報的身心，必將繼續造作新業。繼續造作了新業，又將再受業的果報。因此，我們的心識，就成了使我們輪迴於六道之中，生死而無了期的中心。但它又與錄音帶的性質不同，因它絕不是一個固定不變的「我」。因為心識的功能，即在進進出出地接受記錄與把記錄拿出來銷帳，所以心識的內容，也是在變化無窮的狀態下存在。做一個比喻：心識的存在，好像掛在懸崖上的一匹瀑布，遠看固然有點像一匹白布，永遠掛在那裡。但若近看瀑布的內容，乃是由於水流的相續。水既然不斷地流下山來，瀑布的內容當然也是變更不已的了。可見，精神部分的「我」，以及由心的活動所產生「我所有」的種種喜、怒、哀、樂等的心理現象，也是無從可求的東西了。

不過，上面所講的無常與無我，從理論上說，已經非常明白。唯其要想親證這種無常、無我的境界，尚須加上修持實踐的工夫。否則，雖然口頭學著說無常、無我，一旦誘惑的外境，或不愉快的逆境，出現在你面前時，你就把握不住自己，而要接受它們的擾動了。

同時，無常、無我的理論，即是實踐的佛法的基礎。因為佛教所講的無我，是去掉自私的我，而不是將應負的責任或應盡的義務也去掉。

唯有去掉了自私的我，方能真得解脫。唯有去掉自私的我，才能更積極更深廣地擔起應負的責任或應盡的義務。

三、什麼是佛教的倫理觀？

在沒有說明佛教的倫理觀之前，我願先來約略地介紹一下中國儒家及西洋耶教的倫理觀。因為佛教並不反對它們，而且是包括了它們又超勝了它們。

中國的儒家以孔子為代表，是以人間之「我」為中心的人間倫理觀。從個人向外推展，便是修身、齊家、治國、平天下。人與人之間的關係，則以君臣、父子、夫婦、兄弟、朋友的五倫來網羅了一切。儒家的推己及人，雖也講到推仁及物，然於對物的仁愛心，終究不是這麼深刻。再從個人向內做工夫，便是正心、誠意、格物、致知。用心的次第，則為靜而後能安，安而後能慮，慮而後能得。這種觀念，乃是人本主義的倫理思想。

至於西洋耶教的倫理觀，是以求上帝賜福音給「我」為中心的天國倫理觀。儒家是以人間之「我」為倫理的中心；耶教乃以天國的神為中心。信神有恩典賜福音給信他的人，人因神的恩典而得救升天。但是，神有權威決定何人可得救及何人不可得救。信他的人雖有得救的希望，卻也未必一定可以得救。為了祈求神將升天國的福音賜給信他的人，信他的人，就不得不遵守他給信徒們立下的「約」命，那就是《舊約》和《新約》。約中的主要規定，就是摩西的十誡。十誡的遵守，不是為了造成人間的幸福，而是做為升天的條件之一。這不是人類自己的要求，而是上帝的命令。因此，在耶教的基本理論上，為了求升天國的理由，必要時可以犧牲人間的和平與安樂。可見，耶教雖然也以人間的「我」之要求為起因，在他們的想法上，卻是倒果為因的。是假想天國的上帝無中生有地造了世界萬物及人類，再以恩人的姿態來教人去升他的天國；人類為了求升他的天國，就不敢不聽信摩西假託上帝之名而編造的一套神話。所以我說耶教的倫理觀是以天國的上帝為中心的。在境界上說，天國固然比人間高了一層，但在倫理的實踐上說，以天國的上帝救「我」為中心的倫理觀，遠不及以人間之「我」為中心來得貼切可取。因為耶教在必要時，可以為了升天國的「理由」，而犧牲人間的倫理。

再說佛教的倫理，乃是從有限到無限的倫理觀。這可分作三點來說明：

（一）由消極的到積極的持戒

佛教的人天善法是五戒十善。所謂人天善法，即是做人和生天的基本德目，因為佛教主張，要從人的本位上走向成佛之道。成佛超勝於做人，若不先把人做好就想成佛，那是不可能的。人的進一步是生天，生天是由於為善的結果。為善的最高結果，是生到天上享受天福的報賞。但是，佛教的目的，並不教人以生天享福為究竟，因為一定的天福享完之後，又得接受苦的折磨。所以，佛教教人應以解脫生死，乃至求成佛道為目的。

不過，要想保住人天的境界，也有它必守的條件，持五戒者，不失人身。五戒即是不殺生（主要不殺人）、不偷盜、不邪淫、不妄語、不飲酒。在此五戒之中，但能把一戒或兩戒持守清淨，轉生仍可為人。五戒全部清淨，即可於來世成為富貴尊榮和壽考的人。若能守十善，即可生天。十善即是不殺生、不偷盜、不邪淫、不妄語、不兩舌、不惡口、不綺語、不貪欲、不瞋恚、不愚癡顛倒（邪見）。

粗看五戒十善，乃是消極的，不作惡就是善。實際上，在不作惡之後，進一步努力，必須要盡量地行善。例如布施、供僧、放生、濟貧、修橋、築路、穿井、植樹，以及種種社會福利事業。

修五戒十善者，成就人天福報。以人天善法為基礎，用解脫生死的要求，去為一切眾生的解脫生死而努力，那就是行的成佛之道。在行此成佛之道的過程之中，即被稱為菩薩，所以也可名之為菩薩道。對菩薩來說，但問結果，不拘方法。

以人天善法的立場，犯了五戒十善，均為不善。犯了不善，即不得善報。但在菩薩道的立場，僅僅消極的「不」是不夠的，還要做到積極的不「不」，故在《瑜伽菩薩戒本》輕戒第九條之下，有明文規定：「若諸菩薩，安住菩薩淨戒律儀，善權方便，為利他故，於諸性罪，少分現行，由是因緣，於菩薩戒，無所違犯，生多功德。」此所謂性罪，就是指的前面所講十善行的上來七項，也即是說，菩薩為了適應度眾生的機緣，殺、盜、淫、妄的方便善巧，也不得不用。例如殺一惡人而救多數好人是應該的。

又如《瑜伽菩薩戒本》輕戒第二條，規定菩薩不得貪取名利。接著第四條，卻又規定不得不去應供受襯。第五條，更加規定不得不受貴重的寶物布施。這是說，菩薩不當為個人來貪取名利，但是如果為了接引眾生，卻不得放棄任何一個有利的機會，來接受他們的好意。

佛教主張忍辱，如《梵網經菩薩戒本》重戒第七條說：「應代一切眾生，受加毀辱，惡事自向己，好事與他人。」但在《瑜伽菩薩戒本》輕戒第十三條，卻要規定菩薩不得不護雪外來的「惡聲、惡稱、惡譽」。這是說，為了愛護眾生，應代眾生受怨受辱；為了維護三寶，應該護雪惡意的中傷。再說，菩薩對眾生，當存慈悲心，但在必要時也應以威懾的方法，使得眾生馴服。所以《瑜伽菩薩戒本》輕戒第四十二條規定，菩薩若見到有些人應加訶責、治罰、驅逐、默擯（不和他說話），而不如此處置的，便犯戒。

（二）由個人的到一切眾生的推善

菩薩度眾生，雖有只為眾生而不為自利的存心，但從佛法的常理上說，總以健全了自己之後，更容易發揮度他的效果。身教總比言教更能夠感人，身教配合了言教，乃是佛法化世的常軌。所以，做為一個佛的弟子，他本身的言行，必須要一致。他的言行必須是：說佛所應說的話，做佛所應做的事。然後才可談到影響他人而攝化眾生。

從個人的自我教育與自我修持，而到度脫眾生，這是上求佛道以自度，下化眾生以度他的菩薩之道。但是菩薩的精神，絕不是只在於自度的工夫之中，乃是於一邊修行自度，同時也要從事於兼度眾生的工作。並且他們在基本觀念上，沒有自度的存心。他們之將自己健全起來，目的是在利用健全的自己以度眾生，而不是要使自己首先度脫生死的苦海。

個人健全之後，便可影響他的家人親友，感化他的家人親友，進一步影響他所處的時代和環境，形成一種佛化的風氣，造成佛化社會的人間淨土，這是菩薩行的主要任務和目的。

做為一個菩薩，他的境界愈高，他所能夠影響的範圍也就愈大；他的悲願力愈大，他能應化的眾生類別也就愈多。一般的菩薩，僅能在人間的文明地區教化；聖位的大菩薩們，卻能不離於聖位的本處而隨類示現，乃至深入最低下的眾生如傍生、餓鬼、地獄道中，應化救濟。這比儒家的推己及人與推仁及物的觀念，更要積極貼切到不知多少倍數了。

（三）由「我」到「無我」的自在

佛教雖以無我為目的，但也絕不是不分層次的虛無主義者。佛教講無我，乃是修學的宗旨而非出發點。因為佛法的修行階段，大略可分為五個等級，稱為人、天、聲聞、緣覺、菩薩（佛）的五乘。在人與天的階段，仍是有「我」的。聲聞與緣覺的階段，「我」的意識便可解脫。到了最高菩薩（佛）的階段，才是徹底「無我」的大自在境界。現在就把他們分作三個小題目來加以說明：

1人天乘法的五戒十善是有「我」的倫理觀

在沒有超越三界的生死之前，均受善業及惡業的支配而上下浮沉於天、人、修羅、傍生、鬼、地獄的六道之中。這種由於「業」所積聚而成的生命主體，在悟界的聖人看來，雖然不是真實的「我」，在迷界的凡夫而言，因果的造作與報應，卻是歷歷不爽的。唯有恐怖「我」於未來受苦，所以不敢縱情作惡；唯有欣求「我」於未來享福，所以必須盡力作善。站在凡夫的立場，如果把這業所積聚的假我否定了，那他便是不信因果的唯物論者，便是空前絕後的斷滅論者。若無社會法律的制裁，他們便可肆無忌憚地為非作歹，縱有社會的法律，他們也會想盡方法去鑽法律的漏洞了！

2二乘法的四諦是「我」之解脫的倫理觀

聲聞與緣覺，合稱為二乘。他們重於自求解脫而淡於救度眾生，所以通常把此兩階，稱為小乘聖者。所謂四聖諦，就是苦（凡夫是苦的活動）、集（苦的原因）、滅（苦的滅除）、道（滅苦的方法）。修四聖諦，即能滅苦而入於不生不死的涅槃境界。既入不生不死，便從業所積聚而成的「我」中解脫。但是，個人的我雖解脫了，眾生仍在其「我」的束縛之中，受著苦難的煎熬，要為眾生脫苦，那就得由菩薩的化導了。

3 大乘法的四攝六度是「無我」自在的倫理觀

菩薩不以自度為目的，而以救度一切眾生為心願，所以稱為大乘。菩薩道是成佛的正因，故也可將菩薩道稱為成佛之道。菩薩道首重化他自度，四攝與六度，就是化他自度的方法。愛語（安慰、鼓勵）、布施（財物、智慧）、利行（福利人群）、同事（深入各階層去），稱為四種攝化眾生的方法；布施、持戒、忍辱、精進、禪定、智慧，稱為六種菩薩自度的方法。自度是將自己從「我」的束縛之中解脫出來。解脫出來超然於眾生的生死大海之外，那是小乘的境界，小乘聖者若想成佛，他們必得再到生死的大流之中，來救度生死不已的芸芸眾生。這就是迴小乘而入大乘的菩薩精神了。凡夫由於各自所造的業力而受生死果報的束縛，是有我的境界；小乘聖者，解脫了生死，乃是無我的境界；大乘聖者雖已超越了生死，卻仍以悲心願力，進入生死界中，化度生死界中的凡夫眾生，以願力進入生死，乃是無我而自在的境界。這是佛教倫理觀的逐級昇華，也是佛教倫理觀的特別超勝之處。

四、佛教倫理的實踐法

佛教倫理的實踐方法，廣義地說有無量法門，或泛稱為八萬四千法門。統攝起來說，不出戒、定、慧的三無漏學，現在我只能把它們的大致內容介紹一下：

（一）持戒

持戒的內容，既是消極的止惡，更要積極的行善。所謂「諸惡莫作，諸善奉行，自淨其意，是諸佛教」，這四句話，就把持戒的全部精神說明了。從五戒、八戒、十戒、比丘戒、比丘尼戒，乃至菩薩戒的內容，無不盡備於此。

（二）習定

這是一種思想過濾或心念沉澱的方法。不習定，浮妄的心境便平靜不下來；心境的混亂，便會引生煩惱而造作罪業。心境平靜，會啟發智慧而遠離煩惱；習定的工夫，則由於身體安適而達成心念的靜止，主要作用在調伏粗重的心病。

（三）修慧

智慧的最高境界，是在親自證悟體驗到諸法的實性，也就是無常、無我的緣生空性，因為無我而得大自在的最勝佛性。初修之時，則從聽聞佛法與閱讀三藏入手，以此聽聞及閱讀的所得，來指導持戒與習定，再從持戒與習定之中，啟發智慧。將此戒、定、慧的工夫，連成一個連環迴轉的螺旋狀態，互為因緣，奔向成佛之境。

諸位先生，我非常抱歉，因為時間關係，未能將本題多作發揮。在座諸位雖不完全是佛教的信徒，但我知道，貴會的會員，都是當今的知名之士，或為教授學者，或為高級公務員，對於佛學均有相當的研究和認識，今天我能有此機會，來向諸位先生請教，做為貴會第三十次集會的主講人，內心感到萬分的高興。

最後謝謝貴會主持人李譽先生的邀請，並謝謝趙茂林居士的介紹。謝謝各位。

（一九六七年四月十七日講於臺北市甲辰學佛粥會）

怎樣做一個居士？

一、前言

在家人信仰了佛教，通常被稱為居士。那麼，做一個居士，跟普通的在家人又有什麼不同呢？佛教在中國，信仰的人最多，誤解的人也最多，多數人以為的佛教，就是那些供奉偶像的寺廟，那些為死人念經的僧尼，那些木魚，那些鐘磬，那些……就代表了佛教。所以，也就認定佛教是消極的，是逃避現實的。

其實，那些只是出家人的佛教，而且還是變質流俗了的佛教。佛教的根本精神，幾乎已被這股流俗的浪濤所吞沒。佛教的信徒，分有出家與在家的兩大類，出家人的本務是修道與傳道，並住持佛教，至於表達大乘入世的菩薩精神，並做佛教的外護者，卻是在家的居士。

二、三類法門

修學佛法的法門雖多，若從大體上說，可分三大類：

第一是人天道。

第二是解脫道。

第三是菩薩道。

學佛的宗旨，是在求取解脫道；學佛的著力點，卻在於人天道。尤其是人道，乃是生死與解脫的最大關鍵。所以，學佛的人，不能離開了人天道而另求解脫道。

解脫道的求取，也不等於佛果的圓成，解脫生死的人，並不就是成了佛的人，要想成佛，必須將人天道與解脫道兼顧並重，這便稱為菩薩道。

從性質上說，人天道是偏重於福業的經營，比如布施、救濟、放生、戒殺、社會公益等事；解脫道是偏重於慧業的修持，比如持戒、修禪、拜佛、念佛、聽經、看經等等。最要緊的，還是在於戀世與出世的區別：如有戀世的心，雖修慧業，仍是人天福報；如有出世的心，雖營福業，也歸解脫之道。

毫無疑問地，學佛的目的，不在人天道；佛教的態度，也不僅在解脫道。自求解脫，也要使得一切眾生求得解脫，自求解脫是慧業，助他解脫是福業，福慧雙修的，便是菩薩道。可見，佛教的宗旨雖是出世的，佛教的方法卻是入世的。因為自求解脫，是求解脫世間的種種苦惱，所謂出世，也是為了出離世間的苦惱。救濟眾生，是為幫助眾生解脫世間的種種苦惱，雖然出世，卻不逃世。同時，佛教所謂的解脫，是重於心——精神的自在，不受五欲（粗）的煩惱的束縛，這便是心解脫，便可離欲界而生色、無色界，乃至出離生死；若能不受無明（細）的習業及無知的束縛，便是慧解脫，便可超脫生死，乃至成佛。因此，解脫了的人，固然不受生死的束縛，但也並不就是不受生死，因為為了度眾生，他們仍須生死。不過，他們的生死，是出於自由意志（願力）的自主，不同於一般凡夫的生死，是由於煩惱造成（業力）的牽引。正像一個去監獄為犯人講演的自由人，雖也進入監獄，接觸了犯人，但他的心裡感受，與被法律制裁而監禁在獄中的犯人，是不同的。所以，已經解脫了的人，雖入生死，仍不以生死為苦；雖在生死，卻不受生死的束縛。

三、解脫道與菩薩道

修持解脫道，毫無疑問，是佛教的本意；解脫道的修持工夫，也毫無疑問，是以出家的身分為宜，至少，出家人的牽掛沒有在家人那麼多。所以，出家人可證小乘四果，在家人最多只能證到三果，南傳的北道派，雖主張在家人也可證到四果，但其既證四果，必然就會出家。

說到菩薩道，無疑地，菩薩道的精神，是佛教的根本，菩薩道的修持者，則以在家的身分更為相宜。至少，在家人的生活範圍，可比出家人更大更廣，深入群眾而接觸群眾，正是攝化群眾的最佳方便。所以佛經中的菩薩，除了極少數之外，都是現在家相，乃至最後一生在兜率內院的菩薩，也是現天人相，而非出家相。當然，現在家相的菩薩，並不即有男、女性的差別，三界內的色界天，已經沒有男女欲，何況是聖位的菩薩。菩薩多現在家相的原因，乃在說明菩薩道的修持者，最適合在家人的身分。

解脫道是可貴的，但還不如菩薩道更加可貴。因為菩薩道的修持者，除了自求解脫，還要助人解脫；既是解脫道的求證（或已取得）者，也是人天道的實行者。從實質上說，菩薩雖現在家身，卻比出家聖者更偉大。這也正是大乘佛教一向責斥小乘心行的基本原因。

但是，在家人，實踐人天道的福業是容易的，只要出錢出力，多做社會公益的慈善事業就行了。至於要求在家人能像蓮花生於汙泥而不為汙泥所染——修持解脫道，那就比較難了。如果只行人天道而不修解脫道，那僅僅是人天道而非菩薩道，只能換取來世人天界中的福報，不能解脫生死，更不能自主生死。這也就是出家人比在家人更加尊貴與超勝的因素之一。

根據這一要求，便可進一步地知道，同樣的在家人，信佛與未信佛的人是不同的。未信佛的在家人，縱然他是最偉大的慈善家，那也僅可獲得人間及六欲天的福報，福報享盡，仍要墮落三塗——傍生、餓鬼、地獄中去受苦。至於信了佛的在家人，縱然不能確實修持解脫道，也能對於解脫之道，生一嚮往之心，所以也必將進而修持解脫道，今生修不成，來生、乃至許多許多的來生之後，必將有修成解脫道而得到解脫的希望。信佛的在家人，縱然不能積極地經營人天福業，最低限度，也不致積極地造作三塗的惡業。所以，同樣是在家人，信佛的要比未信佛的，前途更有希望，也更有保障。

四、居士宜修菩薩道

到此，我們就要談到居士的問題了。

在一般人的觀念中，多以為「居士」這個名稱，是佛教稱呼在家男女信徒的專有名詞，其實不然。

在佛教的原始聖典中，尤其是在律部之中，居士乃是俗人的通稱，梵語稱為迦羅越（kula-pati），不論信佛、不信佛，凡是居家之士，便可以稱為居士。男的稱居士，女的稱居士婦，是對已婚俗人的通稱。故在羅什法師的解釋是：「外國白衣多財富樂者，名為居士。」《十誦律》卷六則說：「居士者，除王、王臣，及婆羅門種，餘在家白衣，是名居士使者。」

在中國，運用居士一詞的，也不是以佛教為始。在《禮記》中就有「居士錦帶」一語，那是指的為道、為藝的處士，含有隱士的意義，所以在中國古籍中，往往見到一些文人雅士，每喜以居士自號，但那並不表示他們是佛教的信徒。

佛教習以居士稱呼在家的信徒，大概是從維摩詰居士而來，維摩詰居士，確可稱為居士，但也因此而被後人附會，如慧遠大師《維摩義記》卷一說：「居士有二：一、廣積資產，居財之士，名為居士；二、在家修道，居家道士，名為居士。」

正因如此，居士一名，漸漸地，也就成了佛教的專用。清朝的彭際清，編寫一部在家佛徒的傳記，也以《居士傳》來命名。實際上，以居士稱呼學佛的居家之士，固然沒有什麼不可，若以中國人的觀念，以隱士的涵義，來比附學佛的居家之士，那是不妥當的，甚至是意義相反的。因為，隱士是過獨善其身、明哲保身的生活；而居家的學佛之士，應該是菩薩道的實行者，為度眾生，可以不惜生命，自求解脫，也必助人解脫，這，怎麼可以與隱士同一意義？

然而，既已相沿成習，我們也只好隨俗稱呼了。

照理，一個名副其實的在家居士，便是一位大乘的菩薩。

雖然，要做一個名副其實的菩薩，並不是簡單的事，太虛大師曾說：「正須入祖位者，乃能宏大乘教，否則……，但能令得人天權小之益，及種大乘善根，不入大乘。」（《佛法導言》）要到禪宗的破了三關，相當於六根清淨位，才入祖位，入了祖位，才能弘揚大乘佛教，大乘佛教的菩薩道，真是難能可貴。

可是，我們總不該因了菩薩道的難行而就不行，雖然不能即生成就優入聖位的大乘菩薩，如若繼續種下了大乘的善根，終究必將成為優入聖位的大乘菩薩。

所以在家的居士們，不要氣餒，在家人雖在解脫道的求取上比出家人相差一階，然在菩薩道的實踐上，卻比出家人的條件優勝得多。

五、菩薩道的重心

我們知道，人天道的主要德目是五戒十善（殺生、偷盜、邪淫、妄語、飲酒為五項必戒的德目，故稱五戒；不殺生、不偷盜、不邪淫、不妄言、不綺語、不兩舌、不惡口、不貪欲、不瞋恚、不邪見，稱為十善。詳細內容，請參閱拙著《戒律學綱要》第三篇〈人間天上的護照〉）；解脫道的主要德目是戒、定、慧的三學；菩薩道的主要德目是布施、持戒、忍辱、精進、禪定、智慧的六度。六度包含了三學，三學又包含了五戒十善。所以，菩薩道才是佛教的根本道。

然在六度之中，乃以布施為首，可見，菩薩道的實踐，是以布施為重心。因為要度眾生，必須先要安慰眾生，先使眾生在物質上與精神上得到了安慰，然後才能對你發生好感，接受你的化導，並也信任你的化導。

布施，分有財施、法施（離苦的方法）、無畏施（給怯弱者鼓勵）三種。財施屬於物質的，法施與無畏施屬於精神的。理想的布施工作，最好能三種並重，但在一般的眾生（人），在現實生活的驅迫之下，對於物質的要求救濟，遠比對於精神的要求寄託，更為急切。因此，首先使他吃飽了、穿暖了，才能再談精神的追求。近世基督教在中國的風行，原因也在於此，不管基督教的教義怎樣膚淺，能給人群以物質的實惠，總是真的，除了破衣、麵粉的誘惑，他們也辦了許多的醫院和學校。一般人，哪能都是神學家或哲學家，會去研究它的教義和內容？所以基督教的分子，傳教士的群中，有以信教為職業的偽善者，而信徒的多數，多是出於盲目的附從（他們的確需要宗教的安慰，但卻未得到正確的引導），另有一些則是出於醉翁之意不在酒的別有用心。在佛教，以布施的工作來說，居士要比僧尼更能做得徹底，因為根據律制，出家人是不該有財富也不會有財富的，既然沒有財富的積蓄，對於物質的布施，就無法做到。即或今日的僧尼，未見有幾人是把銀錢一戒持得清淨的，但是除了公有的寺產，也不致有太多的私產。所以，出家人只能以佛法布施，以無畏的精神鼓勵，卻不能利用物質來救濟。雖在佛經中說，布施的功德，以佛法的布施最為殊勝。但在前面說過，接引眾生的先決條件，應以物質的布施為優先。至於教化眾生離苦得樂——走向解脫之道，那才是佛法的功能，這個功德雖大，卻不是解除現實貧困的直接方法。同時，在所有的出家人之中，能以佛法及無畏來布施的百分比，也是相當低的。我們在原始聖典中可以得到證明：佛世的出家弟子，經常隨從的，約有一千人左右，那些多數是大阿羅漢，此外的凡聖僧尼，當然還有很多很多，但在僧團中能起領導作用的，不過數十位而已，至於弘化方面有大成就並有名字記載的人，比數上也是非常之少，雖然聖典的記載，不免掛一漏萬，但在法施方面真起大作用的人，確實不會太多，那當屬於事實。後世的僧尼，當然更加不用說了。因為出家人是以修持解脫道為主，行有餘力，才能談到救濟眾生的工作。

至於居士，如果是一位名副其實的菩薩道實行者，也便可以做到三施並重了：那就是自己有財富，可用物質救濟貧困，自己也深通佛法的勝義，可以用來教化眾生，安慰眾生，鼓勵眾生。

所以，真正的大乘精神，雖由出家的大菩薩乃至佛陀來攝化，一般凡夫的出家人則不能充分表達出來，唯有發大心的在家居士，才是菩薩道的理想實行者。

當然，這裡所說的理想居士，在歷史的記載上，也是數得清的。至於一般的居士，確實不容易做到理想那樣的境地。有錢的居士，能夠以財物布施，但也僅止於財物的布施，未必能夠深達佛法的勝義而用佛法布施。若期望他們進一步地對於解脫道的欣求，那是難上加難了（當然不是沒有）；所以，他們的布施，仍是局限於人天福業的經營。

對於深達佛法勝義的居士，雖可做到法施，但他們未必就是大富長者，對於物質的布施，也就力不從心了。大多數的正信居士，是在人天道與解脫道的交叉路口徘徊，既嚮往解脫道，卻又無法擺脫人天業；乃是在人天業中，慕求解脫之道。他們當然還是幸運的，也是可敬的，最低限度，他們必將走上解脫之道，乃至走上真菩薩道的。

六、居士應具備的條件

上面是講理想的居士。理想的居士，是從一般的居士中產生的，也是要從一般居士的立足點上做起的。

那麼，一般的居士，應具備一些什麼條件呢？

在《雜阿含經》卷三十三第九二七經等的規定，在家居士，應該具足五個條件，稱為五法具足，那就是：

（一）信具足

信心第一要緊，如不建立深切的信心，一切的問題，都是不必談的。對佛教，首先要有正確的信仰，信仰的中心是佛法，佛法能使我們離苦得樂，所以要信仰。佛法是由佛說的。佛法是由僧眾結集（編輯）、傳流、住持、弘揚的，所以也要信仰。合起來，便是信仰「佛、法、僧」，稱之為三寶。信仰的入門，便是皈依三寶，皈依三寶，是將整個的身心，無條件地汩沒在三寶的光輝與恩德之中，皈依三寶之後，便能從三寶的啟導之下，得到人生大道的指歸——正見、正思惟、正語、正業、正命、正精進、正念、正定——八正道。

（二）戒具足

主要是指五戒——不殺生（不殺動物，而非即是吃素）、不偷盜、不邪淫（不與夫婦之外的異性交媾）、不妄語、不飲酒。五戒本是三皈弟子的必修德目，皈依三寶與受持五戒，本不該看作兩個階段的兩層意義，如果皈依了三寶而不受持五戒，好比只向學校登記註冊，而不真去上課求學，那只是種善根而得不到現實的利益。五戒十善是人天道中的人天業，如果不能受持五戒，那就連人天道中的人天果位都保不住，豈能解脫生死？

如果嚮往出家生活，而又為現實環境之所不許，那也不妨於五戒之外，可以另於每月陰曆的六齋日（初八、十四、十五、二十三，及月底最後兩日），受持以一日一夜為期限的八關戒齋，所謂八關戒齋，是指：

1. 不殺生
2. 不偷盜
3. 不淫（一日一夜不可與異性交媾）
4. 不妄語
5. 不飲酒
6. 不著香花鬘，不香油塗身；不歌舞倡伎，不故往觀聽
7. 不坐臥高廣大床
8. 不非時食（俗稱持午，過日中之後，只許飲水，不得進食——這一條戒的詳細內容，請參閱拙著《律制生活》一書中的〈佛教的飲食規制〉）

有關八關戒齋的詳細內容，請參閱拙著《戒律學綱要》第四篇〈了生脫死的門徑〉。

如果修菩薩道的居士，另外可以加受菩薩戒，這雖不是《阿含經》中的規定，但在大乘佛教的居士，確有受持菩薩戒的必要，因為受戒一事，相似於宣誓，且比宣誓的意義更莊嚴，比宣誓的效用更宏大。戒的力量乃是抗惡性極強的防腐劑。

菩薩戒的主要內容，請參閱《戒律學綱要》第七篇〈三世諸佛的搖籃〉。

（三）施具足（編案：原典中也作「捨具足」）

施的內容，是以尊敬心供施父母、師長、三寶；以悲憫心布施孤苦、貧病；以公益施捨促成社會大眾的福利。

（四）聞具足

持戒、布施，是重於福德的培養與經營，若要求得佛法的正知正見，並期如理奉行佛法的話，那就必須從聞法入手。看經也是聞法之一，但是，經義博大精深，親近善知識，「往詣塔寺，專心聽法」的點化講授，仍是必須。這也是居士進寺院的最大目的。

（五）慧具足

這是對於真諦的體會或領悟，也是從聞法的精進實踐而得的一種實證經驗。佛陀時代，每對俗人說一次法，便有很多人，由聞法而見諦，證得初果，那就是慧具足的典型。

七、居士的家庭生活

一個居士，雖然皈依了三寶，但他仍是在家的俗人，既是俗人，就該照著俗人的生活軌範去生活，而且要比沒有信佛的俗人生活得更積極、更和諧、更美滿、更有朝氣、更有活力。唯有如此，才能使得自己愉快，使得他人敬仰，並使他人樂意來接受自己的影響。

俗人生活的第一要務，便是建設和樂的家庭。對父母要盡孝，對子女要慈愛，敬與養，教與育，做到自己最大的可能，才算盡了父母與子女的責任。夫婦是家庭的重心，彼此之間，一定要堅守貞操，要敬愛對方，要體貼對方，夫婦間的感情融洽了，縱然是菜根布衣的生活，仍是一個可愛的家庭。

家庭和樂，主要是建立在夫婦之間的感情上；家庭的幸福，主要是賴於經濟收支的平衡。居士應當從事各種正當的職業，來謀求生活的所需，除了屠業（包括漁業及葷菜館等）、盜業（包括賭業及走私等）、淫業（包括酒家、舞場、妓院等），其他的或農、或工、或經商、或公教，都是可以選擇的。有了收入，必須量入為出，在《善生經》中，佛為居士的收入，分作四份來處理：一份為飲食（家計的生活），一份為田業（營業的資本），一份為貯藏（家中的儲蓄），一份為給予耕作商人而生利息（放款的利潤）。以這樣的經濟計畫，來計畫家庭的經濟，實在是最安全也是最科學的分配。

但是，經濟的作用是在促成生活的幸福，是在達成道德的目的。所以，佛陀責斥收入超過支出的守財奴，把他們喻為餓死狗；更責斥支出超出收入的人，把他們喻為沒有種子的優曇鉢果。

先把家庭經濟的基礎鞏固了以後，除了家庭正常生活的所需，如果仍有餘力的話，就該用於家庭以外的福德——供養三寶及公益慈善等的事業中去了。所以《雜阿含經》中也說，居士的財產，應該分作三種用途：一是供養父母；二是養育妻子、兒女乃至賙濟親屬、朋友、僕從等；三是供養沙門、婆羅門

（三寶即在其中）。

一個居士，應該時常親近三寶，但如不顧家庭的事務，放棄了對於父母、子女及夫婦的責任，專來親近三寶，那不是佛所希望的事，除非已經盡了對於家庭的責任。

一個居士，應該無條件地供養三寶，但如剋扣了父母的所需，減少了子女的營養，節省了丈夫或妻子的生活費，降低了僕人的工資等等，拿來供養三寶，那也不是佛所希望的事。除非得到了對方的心許，或者是出自各人的自動。

因為，一個居士，不能由於信佛而破壞了家庭的和樂，應該由於信了佛的緣故，而使家庭更加和樂起來。否則的話，你的家人，因為不滿你的不顧家庭而只顧三寶，他們不但對你起反感，也連帶著對佛教起反感。這樣一來，你本為了恭敬三寶，卻使你的親人變成了三寶的反對者，這是非常不幸的事。我在前面說過，居士是理想的菩薩道實行者，菩薩是以救度眾生為要務。如今，你把自己的親人，拒之於三寶的千里以外，還談什麼救度眾生呢？

八、居士的社會生活

有人說，人類是社會的動物，所以凡是人的生活，便不能脫離社會。所謂社會的定義，應該是「有組織的團體」，所以我們最大的社會，可以包括全體人類，最小的社會，可以小到僅僅是二人以上的結合。

因此，家庭是社會的基礎，社會是家庭的擴大。家庭可以小到僅僅是夫婦兩人的結合，社會可以大到全人類的組織，乃至在未來的太空世紀，可將星際的人類也概括在內。所以，社會的涵義是不受空間及時間所限制的。

從佛教的立場說，一個在家的居士，他所活動的範圍，可比一個出家的僧侶深廣得多，他所隸屬的社會，也比出家的僧侶繁複得多。所以，就居士而談社會生活，乃是必須的。一個居士，在家庭中，有著很多的身分：對父母而言是兒女，對兒女而言是父母；對弟妹而言是兄姊，對兄姊而言是弟妹；對配偶而言是夫妻；對父母的父母，對兒女的兒女，乃至對親屬的親屬等等，皆會成為各各不同的身分。由一個家庭擴大而成為一個家族，再擴大至家族以外的社會：對老師而言是弟子，對弟子而言是老師；對長官而言是屬下，對屬下而言是長官；對政府而言是人民；對團體而言是團員、黨員、社員、會員；尚有朋友的朋友，關係人的關係人等等，都是形成社會形態的因素。一個居士，就是生活在如此繁複的社會關係之中。一個理想的菩薩道實行者，便很樂意生活在如此繁複的社會關係之中。因為，有了關係，才有接觸的機會，有了接觸的機會，才能引導他們皈向解脫之道的唯一處所——佛、法、僧三寶。

但是，要度眾生，單憑一股宗教狂熱的情緒是不中用的。宗教的狂熱，固然能使人們生出赴湯蹈火的勇氣，去宣傳、去辯論、去衝鋒、去陷陣、去戰鬥、去犧牲，但那決計不能持久，也決計不能產生深遠的良好影響。

佛教，是以服務社會為菩薩道的表徵。佛在往昔的無數生中，以種種身分、種種形態、種種方式，深入種種的族類群中，每每能居王的地位。所謂王，就是領袖，那些領袖的地位，不是仗武力打得來的，全是以服務大眾的道德價值所感召而致的。因此，唯有真正能為大眾謀幸福的人，才是最夠資格做大眾領袖的人，才是最能贏得眾望所歸並心悅誠服的人。否則，那不是王，而是賊、而是盜、而是匪、而是梟！

所以，一個理想的居士，雖然不必在任何場合都要以領袖的姿態出現，至少，他該是受到任何場合所歡迎的人，乃至是能受到任何場合所尊敬的人。可惜不幸的很，就我所知，有些居士，當他們信佛學佛之後，竟與他們的社會關係疏遠了、冷淡了、隔閡了，甚至被人視為孤獨、冷漠、不近情理的怪物了。當然，這是由於他們的慕道心切，他們一心嚮往解脫之道的出世生活，所以跟他們的社會關係漸漸地脫節、接不上了。但是，我要告訴他們，這不是一個居士應有的態度，修道的居士，也是不該如此的。縱然是出了家的人，對於名利物欲固然要冷，對於社會公益仍當要熱。事實上，在佛教史上，凡是有大成就證大果位的人，對於社會的大眾，無一不是熱烘烘的。這種熱，就是悲心——菩提心的流露。信佛學佛，是為發菩提心，信佛學佛之後的居士，反而放下了菩提心，豈不成了背道而馳？最低限度，一個居士，不該是惹人討厭的對象。要不然，那就是他沒有盡到應盡的義務，乃至是虧辱了職守！既然不盡職守，仍然享受職守上的待遇或權利，便是一種債務，便是一種罪行，便是一種因果！那絕不是一個居士的本色。實際上，人，凡有生活的權利，必然也有生活的義務，即使出了家的人，也不能例外。一個佛教徒的本色，應該是多盡義務，少享權利，才能獲得他人的愛戴。

因此，佛為統攝一切團體（社會）的要求，說了四種德目，稱為四攝法。攝是統攝和攝受，也就是領導或化導的意思。所謂四攝法，就是領袖人物所不可缺少的四種處世方法，切實地做好了四攝法的工作，便能感化群眾，也能領導群眾。四攝法的名稱，就是：

（一）布施

布施的重要性是非常大的，佛教凡是涉及社會人群的德目，無不注重布施，凡是有關居士的德目，無不鼓勵布施，所以在《優婆塞戒經》中，雖列六度，但卻特別著重布施一度的反覆闡揚。因為唯有布施，才能使得社會的貧富得到適當的調節，也唯有布施，最能表達佛教的慈悲精神。一般人，誤會了布施的原義，以為施主的名稱，是居士對於寺廟所專用。事實上，為三寶出錢，最好稱為恭敬供養，為貧病孤苦的賑濟，才是名副其實的布施。居士以財物布施，可以稱為施主，僧尼以佛法布施，何嘗又不是施主？說也難怪，末世的僧尼，多數只知勸請居士們給寺院出錢，而積極舉辦佛教公益事業的鼓勵，卻又很少做到，這是今後中國佛教的一大課題！

當然，布施是一種福業，佛將福業的對象分為八類，稱為八福田，那就是：佛、聖人（是大、小乘未登佛位的聖者，小乘初果以上，大乘初地以上）、和尚（親教師——是指出家人受戒時的主持人，居士沒有和尚），阿闍梨（軌範師——是教讀師、依止師、戒師、皈依師等）、僧寶、父、母、病人。在這八種福田之中，居士在家應當首重父母，其次是佛、聖人等，不供養父母而來供養三寶，那不是佛所希望的事。但是《梵網經》中又說：「若佛子，見一切疾病人，常應供養，如佛無異；八福田中，看病福田，第一福田。」這就是鼓勵大家多做慈濟事業。供養三寶當然要緊，救濟貧病於死生的邊緣者，尤其要緊。平時除了父母，當以供養三寶為第一；遇到特殊情況，若有餘力，當以濟困扶厄為第一。這是居士們必須明白的事。

（二）愛語

所謂愛語，不是談戀愛，也不是阿諛諂媚，而是用和悅的態度，來與他人共同談論，這是由於悲心的自然流露。因為，菩薩看眾生，沒有一個不是自己的至親骨肉，沒有一個不是大善知識，沒有一個不是未來的佛。所以，只有敬之愛之而唯恐不及。這裡佛教所說的愛語，不僅是談話的技巧而已，而是一種真誠懇切、和藹融洽、感人肺腑的談話。這，就是得到了佛化實益之後的一種受用、一種智慧、一種修養。比如，對於苦難者的慰問，對於失敗者的鼓勵，對於成功者的讚美，對於頑劣者的勸勉（必要時也可以訶斥來達成勸勉的目的）等等。一種和悅而懇切的談話，總是受人歡迎的，這種談話，便能促成社會的和樂、進步、安寧。我們知道，最善於調解糾紛的人，也必是最適宜做領袖的人，至少也是最受歡迎的人。萬一遇到不可理喻的人，那也只好由著他去，不必勉強。

（三）利行

所謂利行，是指對團體公益的謀求和促進，用現代名詞來說，就是為社會服務。現代民選的官員，競選時也都是說為了服務國家、服務人民、服務鄉里等等。實際上也的確應該如此，我們在任何一個團體，均可體驗得到，凡是最能為團體利益著想，並且最能幫助大家解決困難的人，必然也是眾望所歸的人，一個偉大的領袖，必然有他對於社會所付出的貢獻——服務。

（四）同事

所謂同事，是將自己融入於他所處的社會，將自己變為社會所公有的人，隨著社會的需要而改變自己，而變成社會所需要的一個人。釋迦世尊在菩薩階段的隨類應化，觀世音菩薩的三十二應身，都是同事的最佳典型。但是，將自己融入社會，並不等於隨著社會的感染而消失了自己。融入社會的目的，是為了領導社會、感化社會。所以日本的道元禪師把同事的定義這樣解釋：「初使自己同於他，後則使他同於自己。」（《正法眼藏．四攝法卷》）

總之，四攝法是社會生活中不可缺少的德目，小至一家，大至全人類，能有多大程度的實踐，必有多大程度的效果。一個居士，應當隨分隨力地去做，才不致被教外的人誤以為佛教徒是消極的逃世者，才能進一步地化導社會而淨化我們的社會。

九、居士的宗教生活

從原始聖典阿含部及律部中看，居士的宗教生活，也就是三皈、五戒、八正道、五法具足、四攝法等的生活，居士與一般俗人生活的不同處，也是從這些德目的實行之中表露出來，這些德目，上面已講過了。

所未講的，是修持解脫道的問題。解脫道不離戒、定、慧，這可參閱我的另一篇拙作〈怎樣修持解脫道？〉，便可獲得一個概要。在此不再贅述。

但是，在一個居士的日常生活中，必須每日抽出最低限度的時間，來將身心全部交給自己的信仰，如能定時定數那是最好，至少每天不得少過兩次。這樣才能得到修持的力用。配合自己的生活環境，拜佛、靜坐、誦經、念佛（如環境嘈雜，觀想默念即可）、懺悔（包括毫不容情地反省，至誠懇切地悔過，以及對於三寶恩德的感仰），選定一、兩種，做為日常的恆課，但於懺悔一項不能缺少。唯有在不斷地懺悔之中，才能不斷地改往修來，才能不斷地邁向成佛之道；唯有天天都是生活在「覺今是而昨非」的新境界中，才是最能變換氣質的人，才是最有新希望、最有新發現的人。古人的宗教經驗，往往也是從懺悔之中得來的。懺悔不一定要儀式，跪著、坐著、站著，均無不可。不過，凡在功課之時，必須放下萬緣，一心皈命，縱然少到每次僅僅數分鐘，行持久了，日子長了，必有效驗可觀，至少，對於人生的境界，必將開朗豁達。這也就是解脫道的實踐工夫。

如果時機因緣許可，應當設法多參加寺院中比較長期的法會，全力精進。但也不能僅靠參加法會，否則便成一曝十寒，得不上力。

居士如果希望吃素，那是很好的，但你一定先要求得家人一致而充分的諒解；如果希望在每月的六齋日受持八關戒齋，那你至少要預先徵得你丈夫或妻子的同意。否則，因了學佛而使家庭失去和樂，那是不應當的。

總之，一個居士應當是一位菩薩道的實行者，首先要變換自己的氣質，再來佛化家庭，然後佛化社會。居士當擁護三寶，切不可毀謗三寶。

附記：本篇及下一篇〈怎樣修持解脫道？〉，係應佛教文化處的要求而寫，曾於一九六四及一九六五年單行印刷兩版。列為法鼓佛學小叢刊的兩種。

怎樣修持解脫道？

一、什麼叫作解脫？

解脫的意義，可以很廣，也可以很狹；可以高，也可以低。從基本的定義上說，所謂解脫，就是解放了束縛和脫離了束縛。有了束縛，便不自由；解脫了束縛，便是自由。因此，解脫的定義，也可以說就是自由的定義。

但是，自由是有範圍的，人在不妨礙他人的自由之下，由於法律的保障，可以得到若干的自由，所以自由不等於放縱，自由也有其限度。

要求自由的傾向，實在就是主觀狀態對於客觀狀態的一種反抗，這種反抗的動力，幾乎也就是生命的本能。包括動物與植物在內，如果失去了這種反抗的本能，必將不能生存。

比如草木的生長，它們反抗了地球的引力之後，才能從地面向空中發展，這種自求發展的動力，就是要求自由的一種反抗。

動物園的禽獸，更不用說，絕不是牠們的自願；野生的動物乃至昆蟲，牠們都有一種自求生活的本能，也必有一種抵抗環境的自衛能力；縱然是家畜，也沒有不為牠們的生存而奮鬥的。

人類，對於自由的要求，比異類的動物，更加強烈，更加深刻。雖然，由於文化及教育，在要求自由方面的表現，沒有動物那樣地露骨。但是，動物的層級愈高，對自由的要求也愈大，人類的文化愈高，對於自由的要求也愈複雜。

生物界的自由，僅在求得生存而已；動物界的自由，也僅在求得滿足簡單的飲食欲及生殖欲而已；人類的原人，大概又比高等動物的要求略勝一籌。人，總是人，不會沒有肉體生活以外的精神生活，所以漸漸地向文明的時代進步。

一個文明人的自由傾向，是基於肉體的生存欲（飲食），進展到肉體的延續欲（生殖），再發展到精神的安定欲（神明的保護），最後便必然地要發展到精神的不朽欲。所謂精神的不朽，是用來彌補肉體必死的遺憾。一個文明人，他會喊出「不自由毋寧死」的呼聲，那就是指的肉體（生存）的自由及精神（思想）的自由，但卻未必包括了精神不朽的自由。能夠精神不朽，他已不是一般的人，但這項要求，卻是人人該有的，否則，他的人生是盲目的、昏沉的、沒有自覺的、沒有理想的，也是沒有信心的。

當然，要求精神不朽，未必就是要求宗教的信仰，比如許多無宗教乃至反宗教的學者，他們不信神、不信上帝、也不信天國、更不信死後尚有所謂靈魂這樣的東西，他們只以為造福了人類，他們的精神便會永遠地活在人類的歷史上，永遠地融入於整個的宇宙間了，他們稱這種作法為將小我化入大我。其實，他們是從混沌中來，又進入混沌中去。不過這些思想的要求精神不朽，要求個人衝破現實的時空，要求得到更大更久的自由價值，那是無可否認的。所以，如把尺度放寬，這些也是屬於宗教信仰的一型。

最能普遍適應於人類的自由傾向，便是所謂靈魂不滅的要求（佛教不以為有固定的靈魂，眾生的生死，純由於業的聚散與牽引，這個問題請參閱拙著

《正信的佛教》第二十三節〈佛教相信靈魂的實在嗎?〉),在這當下一生的死亡之後,仍有一個我的存在,肉體雖然腐爛了,靈魂還是存在。這在神教徒說,靈魂可以奉上帝的恩召而進入上帝的天國,享受永生的快樂。在佛教來說,肉體雖然死亡了,善惡的業種卻不會消失,它將帶著我們去接受另一階段的生死過程。

因此,不論神教的升天也好,佛教的善惡生死輪迴也好,都是由於人類要求精神不朽而得到有力的註腳,這也是解脫思想的必然途徑。但依據佛教來說,凡有一個「我」的存在,不論小我、大我,不論上天、下地,他的自由範圍總是有限制的,所以也不得稱為究竟的解脫。佛教的解脫道,目的是在解脫這一個「我」的觀念,而能得到絕對的自在。

二、佛教的解脫思想

上面說過了,解脫就是自由,自由的境界是有廣狹不等、高低不同的。不過,凡有等次的自由,凡有差別的自由,都不是絕對的自由,都不是究竟的解脫，也都不是佛教所說的解脫。

那麼，佛教的解脫思想是怎樣的呢？

當然，佛教的解脫思想，不會離開等次差別的自由，乃是包含了等次差別的自由，再衝破等次差別的自由，那就是絕對的大解放、絕對的大自由，那就是無我。

無我的思想，除了佛教，也有人用，但他們所說的無我，仍然不會脫離「我」的觀念，仍然有一個希望「不朽」的觀念，那些忠臣義士，那些貞烈的婦女，那種慷慨犧牲的精神，確是忘記了私我的，但他們不會對其主觀的行為與客觀的影響都忘了、空了的。所以從深處考察，這不是無我，而是我的擴大肯定。

因此也有人說，佛教雖講無我，但那個無我的狀態，實在是最強烈的「我」字，比如修善才可以不墮惡道，固然是為了我在打算；至於解脫，也是為了我的解脫；即使行菩薩道，也是為了我想成佛，成佛之後，並沒有一空百空，成佛之後的諸佛，仍有諸佛的國土、諸佛的法身、報身、化身。因此證明佛教講無我，乃是我的觀念的強烈化。

事實上，這是似是而非的論調。佛教的無我，絕不如世俗一般所說的無我，雖在佛教中的某些思想，由於混雜了印度教的梵天思想，而帶有真我的色彩，佛教的根本思想，卻是絕對無我的。佛教講的空性是一門高深的哲學，從空性的立足點上，不會找到半點我的色彩。單從菩薩道的觀念來說，講求三輪體空——對於作者、受者、所作所受的事物，不存一絲功德的心念。因為行善救生乃是菩薩的本分，做不到的人便不是菩薩，既是菩薩就要如此，如果存有一個我是行菩薩道的觀念，他就不是真正的菩薩。

誠然，佛教的基礎並不會脫離人間，所以佛教的無我是從人間的有我而昇華的。因為一般的人，根本不敢想像無我的境界，如果真把解脫的境界一下子告訴他們，那將嚇退他們的。「我」在眾生的心目中，可謂根深柢固，突然說出「無我」，他們就有無從著落的感覺。所以佛教在誘導世俗的方法上，還是講有我的。

比如說善惡因果的觀念，是佛教最重視的教訓，既說善惡因果，就有我的觀念，但這教訓的作用，是為無我的境界開路：造惡都是為了自私，所以除惡之外，要先從善業的作為上著手，善業做多了，利他的行為多了，私利的心理就會漸漸地減弱；等到放棄了私利的心理，豈不就是無我？要是僅僅放棄了惡業惡果的我，而仍抱住善業善果的我，這是變相的自私，這是在做投資生意，只能換取來生的人天福報，而不是佛法的本意，也不能夠解脫。

大家說小乘的聖人是自利的，這話不錯，但是小乘的聖者卻是無我的，如果存有一念我的利益，他就不能證得阿羅漢果。如果有我，就有煩惱，有煩惱，就要造生死業，造了生死業，便在生死中輪迴而不得解脫。小乘羅漢的解脫，本質上與大乘七地（亦說八地）菩薩的解脫一樣，乃至與佛的解脫也是一樣的。可是，那種無餘涅槃的解脫境界被稱為寂滅，甚至被大乘佛教斥為灰身泯智，因為那是一種空寂的狀態，固然沒有物質的，也不能說是仍有精神的，那就叫作空性，不是有，但也不是沒有，那就叫作無我的安樂境界。

事實上，小乘的無我，只是「人」無我，而還沒有進入「法」無我的境界。也就是說，小乘聖者能夠依照佛法修行，並且徹底放下了人、我、愛、憎對立的界限，也放下了物、我、取、捨對立的界限，所以能從世間上得到絕對的解脫，斷除放棄了世間相的執取，但還以為一切法的本身是實有的，所以一旦進入無餘涅槃的解脫境界，他們就不再出來了。至於大乘的解脫，是連同世間的佛法也要放下來的，把世間法徹底放下時，便是小乘解脫道；把出世間的解脫道也放下之時，便是大乘的菩薩道。

菩薩是不取世法也不取解脫的，這就叫作無住處涅槃，雖然不著世法的愛憎取捨，但也並不離開世法而仍要處於世法。這就是佛法所說的菩薩道的內容，它是包含了人天道與解脫道的。離了人天道，便不是真正的菩薩道，那僅是小乘的解脫道；離了解脫道，也不是真正的菩薩道，那僅是凡夫的人天道。正因為菩薩道，是不執著世間也不離開世間的，所以才是絕對的無我。解脫，是把我執與法執全部放下，放下了我執與法執之後的人，才是徹底的自由，才是絕對的客觀，才能毫無條件地建設世間，才能無上積極地廣度眾生。所以真正的菩薩道實行者，不會先存一個企求成佛的功利觀念。

比如：地藏菩薩的「地獄未空，誓不成佛」，文殊菩薩是三世諸佛的老師，普賢菩薩的永遠實踐十大願王的菩薩道，他們是為救度眾生，是為眾生都能成佛，是為佛法利益世間而行菩薩道，不是為了自己成佛而行菩薩道。佛經中說菩薩道是成佛的因素，那是為了對於初信凡夫的接引而說，但那也是確實的真理；菩薩雖不是為求成佛而行菩薩道，諸佛的成佛，確都由於菩薩道的修持而來。不過，佛教的偉大，是由於法無我的實證，也就是即使無上的真理也能完全放下，不像其他的神教以及各派的哲學家們，沒有一種能將自己所以為的真理也放下來，若把他們的「真理」放下了，他們就成了無依的遊魂！佛教是偉大的，佛教的最高境界是把一切放下來，但在徹底放下之後，卻又絕對地承擔（不是執取）起來：否定了一切之後，又照著本來那樣地絕對肯定起來。

從這一點，我們可以看出來了：神教徒們、哲學家們，從初步看，他們是無我積極的，為了真理的發明、追求、弘揚、實行而努力；若從深底去看，他們確又是自私消極的，當他們抓到了自以為是的真理之後，誰肯放下來呢？哲學家們的小我化入大我，便失去了自由意志；特別是神教徒們，嚮往著天國的安樂，哪一個願意永生永世地為世間的理想而服務呢？

佛教，從初步看，似乎是自私消極的，講看破、講放下、講解脫、講求從苦海的此岸到離苦的彼岸，這豈不是逃避現實？但從深底來看，唯有看破了世法的聚散無常，才能悟透彼、此、物、我的虛幻不實，才能放下一切而從彼、此、物、我等幻景的妄執之中得到絕對的解脫，既然解脫了愛、憎、取、捨的束縛之後，乃至對於解脫境界也是要解脫的。所以看破放下的結果，乃在無上積極地淨化世間，並且是突破時空（大自由）地建設世間和拯救世間。這就是菩薩的本色，也就是佛教的根本精神。

因為篇幅有限，這個看似淺顯而實深奧的問題，只能寫到這裡為止。

三、佛教的解脫工作

佛教的出現，是由於釋迦世尊的應化人間。釋迦世尊的應化工作，總括一句：做的就是解脫工作。

我們知道，釋迦世尊降生在王宮裡；他的出家，是在受了宮廷的欲樂之後。那時他已二十九歲，為什麼要出家？大家都知道，是為了一個「苦」字，首先發覺的是生、死、老、病的苦，繼之又發現弱肉強食的苦，以及為求生存的苦，人與人之間愛憎關係的苦；那些生理的苦，心理的苦，內在的苦，外加的苦。為了解脫這些苦的問題，他就毅然決然地出家了，他想從出家修行的生活中體悟出離苦的方法。終於，佛陀成道了，佛陀已悟到解脫痛苦的方法了。這個方法要是演繹開來，那是說不盡的，如果把它歸納起來，也只有「緣生性空」的四個字而已。

所謂緣生性空，可以用兩句話來說明：「眾因緣生法，我說即是無。」（《中觀論》）也就是說，凡是依賴著各種因素而產生的事物現象，它們的本來體性都是假有的，都是空的。那麼，試問：從宇宙界到人生界，萬事萬物的產生，又有哪一樣是不靠眾多因素的聚散而出現的呢？所以，緣生性空才是究竟的真理。

緣生性空，又可用四句話來解釋：「此有故彼有，此生故彼生；此無故彼無，此滅故彼滅。」這四句話的意思，是說世間的一切事物現象，不論是物理的成、住、壞、空，生理的生、老、病、死，或是心理的生、住、異、滅；不論是自然的，或是人為的，凡是能夠成為一種現象，都是由於各種必然的因緣（關係）的聚集而成立，所以叫作「此有（關係）故彼有（現象）」；又由於各種必然的因緣（關係）的解散而消失，所以叫作「此無（關係）故彼無（現象）」。

一切的事物，從宇宙到人生，沒有一樣是永恆不滅的，所以也沒有一樣是值得依戀的。人的痛苦，卻是由於不解緣生性空的道理而來！未得的好處想得到，已得的好處怕失去；已得的不幸怕它不走，未得的不幸又怕它要來。人對於人，也是抱著這樣的態度。為什麼？這是因為認不清事物的本來面目，也認不清自己的本來面目，所以把內在的「我」跟外在的一切境界全部對立起來；為了一個「我」，死命地維護著這個「我」——我的、我能、我愛、我恨、我要、我不……，總之，是在做著「我」的奴才和牛馬。這就是一切紛爭、罪惡、煩惱、痛苦的淵藪，所以「此（我）生故彼（苦）生」，稱為「純大苦聚集」；可見，不論是自己感受痛苦，或者使得他人感受痛苦，都是由於「我」的作祟，如果能從名利、權力與物我的身心之中，看出了緣生性空的道理，那就知道一切的一切，都是假有的、暫有的、幻有的、虛有的，那還會把它們看得這樣地認真嗎？但要知道，這一切的一切，從性體上看，是緣生而空的；從現象上看，卻又是實實在在的。這種實在，固然由於「我」的（現前）觀念而存在，也是由於「我」的（已往）造業而感得。因此，從過去到現在，一切的痛苦，都是由於「我」的自作自受。如果看透了空，放下了「我」，那就是無我，那就是解脫，那就是「此（我）滅故彼（苦）滅」，稱為「純大苦聚滅」。

由此可見，佛教的解脫之道就是滅苦之道。但從理論上說，這是很難適用到一般人群中去的，所以，佛陀本著這個滅苦的原則，在印度境內恆河兩岸的許多地區，往返跋涉，到處教化。並且在什麼樣的場合，對於什麼樣的對象，分別淺深，用各種方言，以各種譬喻，說出各種不同的教示。對於出家的弟子們，著重於根本的、出世的解脫道；對於根器深厚的弟子們，便說入世的、救世的菩薩道；對於一般的人，便說和世樂俗的人天道，期望他們以人天道為基礎而進入解脫入世的菩薩道。因此，佛經的內容就有許多的差別，有的說出世，有的說入世；有的說國王大臣的治國方法，有的說父母子女的責任義務；有的說社會服務，有的說家庭經濟；有的對男子說，有的對婦女說。但都有一個共同的原則，那就是推行從佛陀悲智中流露出來的正法（正確的處世方法），減少人間由於邪惡愚癡而產生的痛苦，造成和樂、富裕、安寧、美滿的人間社會，這也就是佛教的解脫工作。因為佛教固然希望一切眾生都能出離生死，但在眾生尚未度盡之前的解脫工作，還是要在眾生群中的生死之間去做。所以，佛在成道之後，雖然已經解脫，但是佛陀的教化人間，卻在他的解脫之後。不過，這些都是解脫的原則和目的，還不是解脫的方法。

四、佛教的解脫方法

解脫的原則是性空，解脫的目的是無我，至於要真正地實際證驗解脫的境界，那絕不是單憑紙上談兵，說說道理就能辦到的。因為理論是一回事，實證又是一回事，正像一部歷史，雖然記載著古代的事物狀況，但這歷史記載的本身，絕不等於古代的事物狀況；又比如「美國」這個名詞，是指美國那個國家，但是「美國」這個名詞，絕不就是美國那個國家。所以，講說解脫是不太難的，要實證解脫就很困難了。因此，儘管多數的人把大道理講得滔滔如流，若他們的身心行為只是另外的一副面目，這就只是販賣知識的理論，而沒有得到實際的證驗，和由實踐而來的心得或功效。

那麼，佛教的解脫方法應該怎樣證驗呢？

佛教把實踐解脫道的方法稱為「修持」，也絕對重視修持。如果不做修持的工夫，便不能實證解脫的境界；若不實證解脫的境界，終究淪在生死境界而不能自主於生死；不能自主於生死的人，縱然學佛，縱然出家，縱然自以為是行了菩薩道，那也僅是種些解脫的種子，等待未來的成熟，現前的身分畢竟還是凡夫。既是凡夫，就不是真正的菩薩，雖行菩薩道，也屬人天業。

所以，太虛大師說：「正須入祖位者，乃能宏大乘教。」所謂祖位，就是六根清淨位，是即將入初地菩薩聖位的候補者。由此可見，我們學佛的人，如果不重修持、不求解脫，光在言語文句上拾一些古聖先賢的牙慧，做為賣弄的本錢，那是沒有太大意思的。

說到修持解脫道的方法則不勝枚舉。比如在《華嚴經》中，許許多多的菩薩，各有各的解脫門。文殊及普賢兩位大菩薩，更是各有無量無數的解脫門。不過，解脫道的修持，有一個最大的原則，那就是「戒、定、慧」的三大門徑，從這三大門徑，就可以進入不受生死束縛的解脫境界，所以稱為「三無漏學」。漏是煩惱生死，是解脫大船的漏水之洞。現在，就讓我們介紹三無漏學的修持。

（一）修戒

戒的定義是不當做的不能做，應當做的不能不做。總括起來就是《增一阿含經》卷一的〈迦葉佛偈〉，也就是一般通稱的〈七佛通誡偈〉：「諸惡莫作，諸善奉行，自淨其意，是諸佛教。」這是過去世中，離現在最近的七尊佛陀，對於弟子們所通用的戒律。我們如果確實做到了這樣的要求，便是一位標準的清淨佛子。事實上，這在三歲的兒童都說得上口，但在八十歲的老翁也不容易行得貼切，簡單之中蘊有嚴格的要求，哪一個凡夫能夠完全做到？

因此，釋迦世尊的教訓之中，戒是分有層次等級的：那就是通俗的五戒十善，半通俗的八戒，出世的沙彌戒與具足戒，以及入世救世的菩薩戒。這些戒的內容，本文限於篇幅，不能廣為介紹，如有興趣，可以另看拙著《戒律學綱要》一書。

在此，只能介紹通俗的五戒十善，事實上，五戒十善是一切戒的基礎。能把五戒十善持好了，其他的戒也就容易持了。所謂五戒十善，五戒就在十善之中，明白了十善，也就明白了五戒。十善的內容，分為三類：1.身業類有三種：不殺生、不偷盜、不邪淫；2.口業類有四種：不兩舌挑撥、不惡言謾罵、不淫詞豔語、不散亂雜話；3.意業類有三種：不貪欲、不瞋恚、不邪見。把十善修好，就稱為三業清淨，如果身、口、意的三種行為不能導入正軌，不能保持清淨，那不要說修持解脫，就連一個基本的人格，也是有缺陷的。所以佛教的修持法門，是以持戒為一切法門的基礎。剛開始不能持得清淨，也不要氣餒，只要持之以恆，漸漸地成為習慣，久了自然就會清淨；要是怕犯戒便不持戒，乃至反對持戒，那就不行了。

在十善之中，意業類配飲酒戒，前面的身、口兩類，配殺、盜、淫、妄的前四戒，便是五戒的範圍。犯戒以既成的行為事實為主，所以僅有意念犯戒，不成正罪。但在十善之中，卻以意業的主宰力最強，所以佛教的持戒精神，重在內心的發意，不重肉體的貞操，比如遭人強姦而不受淫樂，便不成犯戒。特別是「邪見」一項，那是十善的罪魁禍首。所謂邪見，就是不信善惡因果，如果不信因果的人，他是不能學佛的。不信因果，未必就是惡人，甚至也可以是善人，但是，最大的惡人，定是不信因果的。不信因果，就不會考慮到未來的業報問題，業報問題雖屬於功利的庸俗的範圍，但那確是存在的，並有抑制罪惡作用及鼓勵行善作用的。既然否定了業報的觀念，巨奸大惡，也就可以為所欲為了。所以，唯有深信因果的人，才能把戒持得清淨，才能把心擺得平穩。

戒持清淨了，心擺平穩了，然後才能談到學定的工夫，太虛大師曾說：「戒為三乘共基。」信佛學佛，如果看輕了戒的持守，便不是學佛法，縱然

持咒、習定，能夠感通神鬼，那也僅是旁門左道而已。（請閱讀拙著《戒律學綱要》）

（二）修定

定，也就是禪定，如果說戒是為善去惡，定便是心的收攝，所以禪定的名稱叫作禪那（靜慮或思惟修），又叫作三昧（等持）。總之，心不散亂而住於一境的狀態，便是禪定。

定的修持，可以說是一切宗教所共通的要求，要想在身心方面得到宗教的顯著受用，唯有修習禪定是最好的方法。印度的各派宗教——佛教稱他們為外道，都有禪定的經驗。據佛經的記載，印度有很多外道，最高的定境能到無色界的四空處定。在中國，太虛大師則說：「中國書上祇老子始有此境。」（《佛學概論》）在西洋的基督教徒，雖然沒有打坐的方法，但在他們的祈禱之中，往往能夠得到神祕經驗，那也算是禪定的一種。所以也有人說：佛教徒離開禪定，或者基督徒離開祈禱，就不能得到宗教的實益。這雖未必是絕對的真理，但也不是沒有道理的說法。由此可見，禪定對於宗教價值的重要性了。

因為禪定的作用，在消極方面，可以抑制我執、我欲的奔放；在積極方面，又可以自由開放我們精神生活的天地。禪定既是散心的收攝，所以能夠防止物欲的氾濫，乃至排除了欲念而進入無欲的狀態。禪定的修得也必須是離欲之後的事實，所以在（欲、色、無色）三界之中，欲界天是福報而不是禪定，離欲之後的色界天，才是禪天的開始。因此，要想證得無我，首先要離欲，要想離欲，最好是修定。禪定既可離欲，離欲之後的精神領域，自然是一種自由的領域。

但是，禪的境界有很多，通常所說的是九次第定，從初禪、二禪、三禪、四禪的色界定，經過無色界的四空定，進入滅受想定（亦稱滅盡定），才是解脫的境界，才是羅漢的境界。外道只知修定，而不知性空的無我，所以即使到達第八定，一切物質及妄念都空去了，一個我字還沒有空去，所以出不了三界的生死，等他們的定力退失，從定中出來之時，便又回到生死的漩渦中去！

修禪定，不是簡單的事，如果知見不正、夾雜妄念，比如為了求生天國而修禪定，便挾帶有情感信仰的成分，厭此欣彼，所以他的定力只能使他生天，只能使他依戀定樂而不再希望解脫生死，這不是佛教希望的。通常所稱「著魔」，那又是等而下之的一類了，那往往是把幻境認作是神蹟，認作是證果。本來，定中就可能出現幻境和定境兩種現象。但是，幻境與定境不同，從不淨的妄念中產生的是幻境，這在神經系統不正常的人最容易發現。他們所見的幻境，跟他們平日所想的境物是相同的，只是更加奇妙化了而已；其實，這是他們心底妄念的反映。

未習定時心太散亂，所以不易覺察，一旦把心稍微靜下，微細的妄念便會趁機顯現，這在缺少反省力的心態之下，就會以為那是一種神蹟。這是很危險的，如果得不到正確的指導和矯正，極容易成為神經錯亂的精神病患者了，那是很不幸的！

至於定境，那是在把心念集中於一點，普化成一片，擴大成一團，把這集中了的不散亂的心力，融合了外境成為自心的內境，隨著定力的深淺，能把心力擴大開去，感應開去，其中所得的經驗，便是定境。神通，是定力的化現，感應力的作用。但是，定境是不容許分別的，只能體會而不能名狀，即使說出來，那也變了樣的，否則，那便是幻境了。如果定境而有現象的作用，那已是由定力所生的神通了。

修定的方法很多，如果歸納起來，不外是「止觀」的修習與協調。「止」是心的著落、安定、靜止，「觀」是根據這個止的要求而思惟。如果只止不觀，便會偏於枯槁而易昏沉，如果只觀不止，便會偏於分別而起散心，所以要主張「止觀均等」，才能產生禪的活用，才能進入定的境域。

中國的禪林，有一句名言「念佛是誰」，通常被視為禪定的入門工夫。定的工夫，固然要有靜坐做為基礎；定境的獲得，卻不一定全靠靜坐。所以不稱坐禪而稱參禪，這個「參」字，就是「觀」的工夫。參「念佛是誰」，就是觀「念佛是誰」，所以天台宗修持的場合不稱禪堂，而稱觀堂，浙江的觀宗寺就是如此。

念佛是用心念的，用誰的心呢？我念佛當然是我的心在念，最要緊的關頭，就在這個「我」字上面，從「我」字上面一針見血地戳下去，問：「我在哪裡？」肉體四肢是我？五臟六腑是我？呼吸是我？精神是我？找找看，我的本體究竟在哪裡？找到最後，終究是了不可得，「我」既找不到了，妄心也就靜止下來。一到心止的時候，便得身心輕安，離開定境就不太遠了。但是一般的心止，未必就是入定，要是工夫不到家，散亂的分別心一止下來，就會漸漸地入於昏沉狀態，那不是定而是枯、而是悶。定不是昏沉，定是精勤不懈地保持著一片空明朗澈的心境。因此，止了之後，如覺昏沉來臨，馬上再起觀照思惟：「念佛是誰？」這樣連續下去，工夫純熟了，自然會引入定心的。

還有一個公案：中國禪宗的六祖惠能大師，他教惠明參禪，是用這樣的指示：「不思善，不思惡。正與麼時，那個是明上座本來面目？」也就是說，當你正在不思善也不思惡的心境之時，那個就是自性本體的顯現。試問：我們離開了善惡的一切心念思惟，不就是一片空明朗澈的定境嗎？那也正是一種無我境界的顯現。所以禪宗教人參禪，還有一句明訓，那就是「離心、意、識而參」，不依心體、不藉意思、不用識辨，正在此時，哪能還存有什麼事物在我們的腦中呢？這些都是頓悟的方法，是直下指歸的方法，比起止觀均等的方法，又更直接了一層，也更高深了一層，這在普通的人，在短時間內，恐怕是用不上力的。所以用止觀的方法還是比較安全的。

禪觀的方法還有很多。根據唐朝宗密禪師的分類，共有五等：外道禪、凡夫禪、小乘禪、大乘禪、如來禪。它們的內容頗多，已不是本文的篇幅所能容納。大致上說，中國的禪宗修的是如來禪，那是一種將定的工夫活現並融合在實際生活中的禪定，所以經中說「如來常在定，無有不定時」，中國的禪師則說「飢來喫飯睏來眠」，都是禪定的表現。這使得枯坐守寂的小乘禪，全部活了起來。但這也有流弊，因為如來禪雖能與實際生活打成一片，若非上上根機的人，那就用不上力。試問：能有幾人做得到心「常在定」的？定是收攝散心，不受外境的蠱動便是定，誰能如此了？見色、聞香、聽聲，乃至觸惱等等，能夠毫不動心嗎？這是很難的修養工夫。如果僅在口頭撥弄幾則禪宗的公案，焉能算是修禪？所以，安全的修定方法，還是從靜坐及止觀方面著手。

靜坐，不等於修定；修定，最好是請已有禪定修養的人直接傳授，否則就容易出毛病。比如：不淨觀、慈悲觀、因緣觀、蘊處界觀、數息觀，這是小乘的五停心觀，尤其是不淨觀與數息觀，最受重視。這些觀法，在南傳的泰國等地，以及現在的歐美，都是在老師的指導下學習的。從文字、書本上學，那是靠不住的。

但是，修定的人最好先由靜坐著手。靜坐時必須注意以下事項：第一，要有一個寂靜的環境；第二，要有一個平靜的心境；第三，要有一個平穩的坐姿。不論單腿盤坐、雙腿盤坐，或交叉盤坐都可以，主要的是平衡身體的重心，保持著不倒的坐姿。如果年老的人腿無法盤，也可把兩腿垂地，不過那是不能持久的，一則要倒，再則由於血液循環的受阻而會使腿腳發生不良的後果。還有，兩眼的視線，最好要集中在座前的二、三尺處之一點，不注意它，也不放棄它，否則，不入昏沉便會散心。眼睛如覺不適，也可暫時閉上後再微啟。

如果沒有高明的禪師指導，就照上面所說的止觀方法練習也可以，但要注意：千萬不要希望從修定的工夫中求得什麼神蹟，如果先就存了某種雜念，修持之後，一定會出岔子。要是不存雜念也有幻境顯現時，那就必須提高警覺，馬上回心返照，觀察我在哪裡？我也找不到時，幻境自然消失。或者是對於很可能出現的種種可喜或可怖的幻境，置之不理，所謂見怪不怪，其怪自敗。切勿以為是靈驗，也別怕它是魔障。

如果有些人不習慣靜坐，心太散、意太亂，靜不下來，那就另修禮拜、讀誦、懺悔、持名念佛等的法門，這是依賴佛菩薩的他力，提攜接引我們本具的自力，選定一門，或選定有連貫性質的數門，比如修彌陀淨土的，應該拜彌陀佛像，誦淨土經論，念彌陀聖號，觀西方樂土的種種莊嚴，這就是一貫性的法門。只要懇切持久地修持下去，就會漸入佳境。所以，這也是修定的方便法門，這是從動中取定的方法。比如《阿彌陀經》的念佛法門，也在求得一心不亂，那也就是定的一種。

修持，最要緊的是信心、敬心、決心、恆心；死心塌地地信，虔誠皈命地敬，勇往直前地行，持久不懈地修。不要三心二意，不要急求速效，每日定時定數地修持下去，平心靜氣地修持下去，必然會有成效的。即使久修不驗，那是工夫不純，不是佛法不靈。在此，我想順便一提：時下一般寺院的課誦，往往只顧形式唱念，而不顧內心修養與陶冶的修持法，實在是極待糾正的。

（三）修慧

慧，是睿智的意思。修持佛法的目的，是在求得解脫，如果只修戒、定而不修智慧，還是不得解脫。戒的作用，像是治病的藥；定的作用，像是調補的藥；慧的作用，像是指導生活的知識。治了疾病，強了身體，還得要有超人的理智，才能做出偉大的事業。所以慧的功用，要比戒、定更大。

至於慧的產生，也與戒、定有關，通常是由戒生定，由定發慧，慧又轉過頭來，指導持戒，指導修定，就這樣連環地形成了螺旋狀態而向解脫之道邁進。如果只修戒、定而不修慧，那便是不得解脫要領的盲修瞎練！

不過，慧的成長，不一定全部要賴戒、定的滋養，所以，通常把慧的來源分為四類：聞慧、思慧、修慧、證慧。從聽法（包括閱讀）而得到的智慧，稱為聞慧；加以自心的思惟而後，所得的心得，稱為思慧；再將自己的心得，從事於實際的踐履，從實踐中所得的心得，稱為修慧；若能親自體驗到了這種心得的本來面目，便是證慧。但我在此必須指出，在這四慧之中，除了聞慧以外的其他三慧，都與戒、定有關，特別是與禪定的關係。因此，解脫道的證得，沒有這三學的相互為用，根本辦不到。雖然有些慧力特別高的人，不必經過呆板的禪定修持過程，一經點破，就得解脫，但是在其解脫之際，仍得有一種定的力用促成，不過那是非常快速的，所以稱為電光喻定。由此可見，我們也不必批評不修禪定的人就等於沒有修持。前面說過，如來是「無有不定時」的，真正的大定、深定，絕不限於靜坐，《首楞嚴經》所說的大定，也就是這樣的。

五、誰該修持解脫道？

我們中國向來有一種幾乎是根深柢固的觀念：以為修持辦道是出家人的事，布施供養是在家人的事。其實，佛法不是出家人所專利的，佛法是屬於一切人的；修持不是祕密的事，出家人固然要修持，在家人也是要修持；出家人固然要教在家人布施供養，更要指導在家人來如法修持。信佛而不親自修持，便得不到信佛的確切受用；佛法如不讓大家來普遍地實踐，也就收不到化世的理想效果。

因此，我要大聲疾呼：「打開佛法餐廳」的大門，讓所有患著精神飢渴病的人們，都來盡情地饗用吧！因為佛法不僅是用來點綴寺院的，佛法更是為了紓解眾生的飢渴（痛苦）而出現的。

為什麼要做佛事？

一、前言

你們是為了慎終追遠、報答親恩，或是為了超度眷屬、紀念故友，或是為了植福延壽，消災免難等等的因緣，來做一番莊嚴而隆重的佛事；你們花費了很多的物力、財力和人力，來成就此一善舉，但是，真正做佛事的意義，你們完全了解嗎？請你們細心地把這篇文章讀完，那麼，這堂佛事，就更有意義，更有功德了。因為這裡面將向你們介紹佛事的定義、佛事的用處、死亡的問題、亡靈的性質，以及誦經、禮懺、放焰口等的意義。

二、什麼叫作佛事？

廣義地說：凡是做的是信佛之事、求佛之事、成佛之事，都叫作佛事。佛說人人都有成佛的可能，只要你能信仰佛所說的成佛方法，依法實行，必將可以成佛。所以佛事的範圍有狹有廣，所謂「佛法無邊」，就是廣義成佛的方法之多，多得不勝枚舉，例如：拜佛、念佛、行善止惡，說佛所說的話，行佛所行的事。要做到「持一切淨戒，無一淨戒不持；修一切善法，無一善法不修；度一切眾生，無一眾生不度」，換句話說，就是「諸惡莫作，眾善奉行」。也就是積極地自救，尚要積極地救人。

因為佛教主張成佛要從建立一個完美的人格開始，所以先要勸人不殺生、不偷盜、不犯他人妻女、不欺誑、不酗酒，這與儒家的五常：仁、義、禮、信、智，非常相近。進一步要使人成為超出於凡夫之上的聖人，佛教所說的聖人，是指解脫了人間種種苦惱的人，例如：生與死、老與病等等，這些苦惱解脫以後的境界，便是佛教的目的。

如何達到解脫生死苦惱的目的，那就要信仰佛所說的方法，照著去實踐。

看經、誦經、聽經，便是看的、誦的、聽的解脫生死乃至成佛的方法。所以，真正的佛事，是要大家自己來做。

但是，對於不懂佛法、不會修行的人們，遇到他的父母親友死亡時，在沒有辦法之中，只有請出家人代做佛事，的確也有用處。本文中所講的「佛事」，大部分便是側重於這種狹義性方面的說明。

三、請出家人做佛事有什麼用處？

出家人是修持佛法的人，也是弘揚佛法的人；是職業的修行者，也是職業的弘法者。因他們做的佛事有功於人也有德於己，你供給他們的生活所需，使得他們安心地做佛事，你也就間接地有了功德。所以佛說出家的僧尼，是眾人的功德福田。

本來出家人的職責，並非專為超度亡靈，甚至可說，出家人要超度的主要對象，是活人而非死人，雖然佛法的修行者，的確重視臨命終時的補救法門。

四、臨命終時怎麼辦？

人，當在出生的時候，就已決定了死亡的命運，所以，生的情景未必可喜，死的情景也未必可哀。以佛法來說，若不出離生死，都是可憐憫者！

因此，信佛學佛的人，平日所做的佛事，在臨命終時最能得力。平日修行有素，命終之後，必可出離生死的凡界，往生佛國的淨土。

人死之後的去向，有三種力量來決定他的上升或下降：1.隨重，隨著各自所造的善惡諸業中最重大者，先去受報。2.隨習，隨著各自平日最難革除的某種習氣，先到同類相引的環境中去投生。3.隨念，隨著各自臨命終時的念頭所歸，而去受生六道，或生佛國淨土。

由於如此的原因，佛教主張人們應當諸惡莫作、眾善奉行，應當革除不良的習氣，應當著重平日的心念，乃至念念不忘佛、法、僧三寶，念念要將自己所做的一切功德，做為往生佛國淨土的資本和道糧。

學佛的工夫，主要是靠平時的修行——皈依三寶，受持五戒，供養布施，禮懺誦經，救濟貧病，造福社會。假如平時沒有進入佛法，臨命終時，尚有一個補救之道，那就是根據「隨念往生」的道理，勸他一心念佛，勸他萬念放下，切切不要怕死，切切不要貪戀家屬親友和產業財物，切切不要心慌意亂，應該一心念佛，念「南無阿彌陀佛」，若已無力出聲念，則在心中默念，他的親屬如果真的愛他，那就不可在他彌留之際放聲大哭，因為那只有使他增加痛苦和下墮的可能。並且要勸大家陪伴念佛，使得臨終之人的心念，融洽於一片虔敬懇切的念佛聲中。若能如此，死後當可往生佛國淨土，若其壽數未盡，也能以此念佛功德，使他早日康復，福壽增長。

人將命終，或坐或臥，側臥仰臥，均以他自己感到舒適為宜。若已昏迷而尚未斷氣時，切勿因他有便溺沾身就給他洗澡或擦拭，以免增加他的痛苦瞋惱而影響到死後的去路。命終之後，鼻息雖斷，只要尚存一絲暖氣，他的神識仍未脫離肉體，故須經過十二小時後，才可為他浴身更衣。若用火化，最好是在經過二十四小時後。

五、亡靈是什麼？

人死之後，若不超凡入聖，一般說來，便成了亡靈。現在說到超度亡靈，先要說明亡靈的性質。人死之後的生命主體，稱為亡靈。民間一般的觀念，認為人死之後即是鬼，而且永遠做鬼；在我們佛教，絕不接受如此的觀念，否則，就談不上超度兩字了。佛教看凡界的眾生，共分為天、人、阿修羅、鬼、傍生（牛、馬、蚊、蟻等動物）、地獄等六大類，在此六類之中生來死去，又死去生來，稱為六道輪迴，所以，人死之後，僅有六分之一的可能成為鬼。佛教使人超出並度脫了這六道輪迴的生死之外即稱為超度。

但是，凡夫在死後，除了罪大惡極的人，立即下地獄，善功極多的人，立即生天界而外，一般的人，並不能夠立即轉生。未轉生的亡靈，卻不就是鬼，那在佛教稱為「中有身」或名「中陰身」，即是在死後至轉生過程間的一種身體，這個中陰身，往往就被一般人誤稱為鬼魂，其實它是一種附著於微少氣體而存在的靈質，並不是鬼魂。

中陰身的時間，通常是四十九日，在這階段之中，等待轉生機緣的成熟。

所以，人死之後的七個七期之中，親友們為他做佛事，有很大的效用。若以亡者在生時最心愛的財物，供施佛教，救濟貧病，並且稱說這是為了某某亡者超生而做的功德，亡者即可因此而投生更好的去處。所以佛教主張超度亡靈，最好是在七七期中。如果過了七期之後再做佛事，當然還是有用，但那只能增加他的福分，卻不能改變他已生的類別了。假如一個人在生作惡很多，註定來生要做牛或做豬，當他死後的七七期中，若有親友為他大做佛事，並使他在中陰身的階段聽到了出家人誦經，因此而知道了一些佛法的道理，當下悔過，立意向善，他就可能免去做牛做豬而重生為人了；如果當他已經生於牛群豬欄之後，再為他做佛事，那只能改善這條牛或這頭豬的生活環境，使之食料富足，不事勞作，乃至免除一刀之苦，被人放生；如已生在人間，便能使他身體健康，親友愛護，事業順利；如已生到西方極樂世界，也能使他蓮位的品級升高，早日成佛。

六、誰該做佛事？

一般人以為，做佛事是出家僧尼的事，其實，這僅說對了一半，因為，出家人固然要做佛事，如果你想得到佛法的受用，必須也要自己來做佛事。與其等到死後由親友們為你做佛事，何不趁活著的時候，親自做些佛事呢？

佛法的超度對象，主要是活人，如果平時不修行，臨死抱佛腳，功效雖也可觀，但已不及平時有準備的落實可靠了；如果自己不做佛事，死後由親友請了僧尼來代做，功效自然又差兩層了。所以《地藏菩薩本願經》中說：若由活人超度死人，死人只能得到其中七分之一的功德，其餘的六分功德，仍由做佛事的活人所得。

因此，我要勸你，既來佛寺請出家人做佛事，必定對佛教存有敬意，如果尚未皈依佛教，歡迎你早日皈依，皈依之後，再慢慢地理解佛法，如法修行，豈不更好？

來請僧尼做佛事，是為超度你的親友，或為安慰一下你對已故親友的懷念之心，所以這一佛事的主動者，就是你。佛法講求誠心，有誠心即有效應，誦經拜懺的出家人，固然要至誠懇切地做，你來請求他們誦經拜懺的心，也要非常地虔敬，要深深地相信他們所做的佛事，必能使亡者得到很大的利益。

佛法講求感應，感應的動力，就是至誠心，誠意的深淺，可以決定感應的大小，如人撞鐘，重重地撞，便大大地響，輕輕地撞，便低低地響。

因此，同樣做一場佛事，所得的效果，則因誠心的差異而有大小不同。佛教主張大家親自做佛事的原因也在於此，所謂「各人吃飯各人飽，各人生死各人了」。由他人代做佛事，在受用上差得太多，所以萬一自己未及信佛學佛便亡故了，則以有血統關係的親人代做最好，所謂母子連心，在生時容易相互感應，死亡後的親情之間，也最能引發至誠懇切之心。所以，地藏菩薩在過去很遠的時劫中，曾經數度為孝女，每次均以至誠心為亡母做佛事，拜佛、供佛、念佛、求佛，感得佛或羅漢等的指引，而使亡母超度。

如果沒有骨肉至親，或者不是骨肉至親，那麼，與亡者生前有關係的人，要比無關係的人，更容易引發虔誠心，更容易產生感應的效果。

因此我要奉勸你，既來佛寺禮請僧尼做佛事，做佛事的中心者就是你和你的家人親友，而不是僧尼。僧尼做佛事是他們的日常功課，你做佛事是為了超度你親友的亡靈。照理，你和你的家人親友，都該參加誦經拜懺，如果不會的話，至少要在這天齋戒沐浴，摒除葷腥淫欲，專念「南無阿彌陀佛」。

七、誦經做什麼？

佛經是佛所說的信佛、學佛，而至成佛的方法。方法無邊，所以佛經的數量和名目也很多。在我們這裡，最適用和最通行的，則有《華嚴經》、《法華經》、《地藏菩薩本願經》、《藥師琉璃光如來本願功德經》、《金剛經》、《阿彌陀經》、《心經》等。

誦經的起源，出於印度釋迦佛的時代。當時的佛經，既沒有印刷本，也不用抄寫本，都是靠著以口傳口地口口相傳，所以，要聽佛的弟子們代佛說法，往往是聽他們將所曾聽過而已熟記的佛經背誦出來，自己要想熟記某一部佛經，也得下工夫把它背誦出來，到後來，誦經便成了學習佛法和宣傳佛法的基本工作。

但是，佛教徒為何要把某一部經，誦到爛熟之後，還要在佛像之前一遍又一遍地誦呢？這有兩層理由：

（一）是把佛經當作一面鑑察我們心行標準的鏡子

凡夫難保自己不犯錯，有時犯了錯，尚不能知錯改錯，但當面對佛像，口誦佛經之時，就同聽到佛在親口說法來教誡我們一樣，使我們一次又一次地策勵修行。已經犯的過錯，趕快改正；尚未犯的過錯，決心不犯；已經修的善功，努力增加；尚未修的善功，立志去修。這像一位愛美的女士，閨房中有了鏡子，出門時也要隨身攜帶鏡子，早晨照過鏡子，偶一動作之後又要再照鏡子，今天照了鏡子，明天、後天、大後天，乃至明年、後年，還是要照鏡子，那無非是為要保持或增加她面容的整潔美麗而已。

（二）是將誦經當作代佛說法的神聖使命

佛法的主要對象是人，除人之外，六道眾生之中，尚有天、神、鬼，以及少數的傍生或畜生（動物），也能信受佛法。所以，雖在無人之處，或在無人聽懂所誦的經義之處，只要有人誦經，就有異類的天、神、鬼、畜，來聽我們誦經。天、神、鬼三類的眾生，以及部分的傍生，均有或大或小的神通，我們誦經之時，只要專誠，即能感應他們來聽經。若你為你亡故的親友做佛事誦經，你的誠意初動，你那親友的亡靈，就已得到了消息，必定會如期前往聽經；亡靈的靈性特別高，縱然在生之時從未聽過一句佛法，死後聽經，也能依其善根通解信受。

八、拜懺做什麼？

拜懺，又稱為禮懺，就是禮拜諸佛菩薩，懺悔自己的一切罪業。

凡夫的言語行動，如果加以深切仔細考察，可以說經常都在犯罪造業。凡夫的生死輪迴，即是由於各自所造的「業力」所牽引，如在過去世中不曾造下罪業，現在便不會再做凡夫，如果今生斷除了一切罪業，當下就是聖人的境界。

凡夫是很苦惱的，對於過去生中所帶來的罪業，無可奈何；對於今生已造的罪業，也無可奈何；從今以後要想不再繼續造罪，仍是毫無可能。因此，我們偉大的佛陀，即以大慈悲心，為凡夫眾生，說了一個懺悔罪業的法門。

前面所說的誦經，是讓我們對著佛法的鏡子來照，現在所說的懺悔，是教我們把自己的心放進佛法的水中去洗。拜懺的功用，即在於洗刷我們這顆染汙著罪垢的心。

所以，對佛懺悔，並不是求佛赦罪，而是求佛證明，向佛坦白自己所作的罪業，下定決心，不再故意作惡。對他不起稱為懺，對己認錯稱為悔。佛菩薩是如此地偉大慈悲與清淨圓滿，佛菩薩希望我們也成為偉大慈悲與清淨圓滿的聖人，而我們卻仍在自作自受的罪業中打滾，所以要懺悔。我們拜懺的作用，即是洗刷自己的罪業之心，好像是從沙裡淘金，漸漸地將沙淘去，就得著了黃金；我們向佛拜懺，漸漸地將罪垢懺除，就得著了清淨的解脫之心。

在中國的各種懺法儀規，是由許多祖師根據佛經編成的，最盛行的，則有梁皇寶懺、三昧水懺、大悲懺、藥師懺、淨土懺、地藏懺、千佛懺等。修這些懺法的人，歷代以來，均有很多靈驗傳載，的確可謂「功不唐捐」。

拜懺，最好當然是你自己親自來做，如你自己尚未學會，或者覺得拜得尚不夠多，禮請僧尼來做，或代你亡故的親友來做，自然也有功德的，其中的道理，則與誦經相同。

九、放焰口做什麼？

焰口，是指鬼道之中的餓鬼。鬼道眾生分為三等：1.在生之時，做了很多善事，若投為鬼，便成福德大力的多財鬼，一般人所信的城隍及土地等神祇，即屬於此類的鬼神。2.在生時做的善事不多，若投為鬼，便成薄福少力的少財鬼，一般所信的鬼，多半就是此類。3.在生時慳貪吝嗇，一毛不拔，專占他人的便宜，若投為鬼，便成無福無力的餓鬼，一般人所說的孤魂野鬼之中，即有餓鬼。這一類鬼的食量極大，喉管卻極細，有了食物也難以果腹，何況由於業報的關係，他們很難見到食物，縱然得到了可口的食物，進口之時，卻又變成了臭穢的膿血，所以他們常受餓火中燒，烈焰從口而出，故名「焰口」。

佛陀慈悲，說了好多種神咒，例如〈淨業障真言〉，〈變食真言〉，〈開咽喉真言〉等。凡是依法誦持這些真言神咒之時，被召請前來的餓鬼們，就可仗佛的神通願力而飽餐一頓，飽餐之後，再為他們宣揚佛法，勸他們皈依佛、法、僧三寶，為他們傳授三昧耶密戒，永脫鬼道的苦惱，這就是放焰口的作用和目的。

因此，放焰口對於鬼道來說，等於是無限制的放賑，所以又叫作「施食」。如果你的亡者親友，並未墮落於餓鬼道中，放焰口就相同於代他們做了放賑濟苦的功德，所以也是有用。

十、人鬼之間的佛事

一般人誤將做佛事，看成專為死鬼而設的儀式。因此，我要再度地告訴你：佛法的主要對象是為活人而非死鬼，為亡靈超度，乃是一種補救的辦法，不是佛教的中心工作。

所以，做佛事宜在生前，死了人固然要做佛事，結婚、生產、禳災、祛病、祝壽、謀職、開張、交易、建造、安居、行商等等，也都應該做佛事。修功積德，行善致福，做佛事豈僅為了度亡而已？佛法能致現生之福，能致後生之福，能致人天富貴的世間福果，尤其能致福智圓滿的究竟佛果。

民間習俗，以為誦經拜懺，可給鬼魂在陰間當作錢用，又焚燒紙庫錫箔及冥票，給鬼魂在陰間增加財富。其實，佛法門中，沒有這種觀念。誦經拜懺是為亡者超度增福，亡者死了也不一定入於鬼道，鬼道的眾生也用不著人間給他們錢用，用錢僅是人間貿易的媒介物。焚化紙錢，也僅中國大約自漢、唐之世流行下來的民間風俗而已。

既然人死之後，若不解脫生死，也只有六分之一的可能生於鬼道，所以請你不要確定你的親友死後就成了鬼，你應以虔誠心祈禱佛法的加護，加護你的亡親故友，超生西方極樂世界，至少也該盼望他們生於人間或生於天上才是。

在中國大陸，尚有一種風俗，即是男人死了，要請和尚做一場「過渡橋」或「破地獄」的佛事，女人死了，則做一場「破血湖」的佛事。這在佛法中也無根據，佛教既不以為人死之後必墮地獄，何以一定要把新死的亡靈引到地獄中的「奈河」及「血湖」中去走一趟呢？

所以，我要奉勸本文的讀者，應當自己來做佛事，並當明白為何要做佛事？當做什麼佛事？

附記：本文係應臺北善導寺、十普寺、華嚴蓮社、松山寺等各大道場之命而寫。一九六七年三月初版以六十四開本，印贈前往寺院做佛事的齋主，以導正信。嗣後香港、星、馬各地有人大量印贈，臺灣亦有不少善心人士，陸續印贈。

神通的境界與功用

「神通廣大」這句話常常聽到，在一般人似乎比佛教徒說的機會更多。但是「神通」兩字的內容，不唯一般人弄不清楚，即使多數的佛教徒們，也未必弄得清楚。

因此，來談「神通」這個問題，雖不是要緊的「熱門」，想也能夠引起讀者的興趣。

當然，作者無意來談神通的經驗，所談神通的種種，只是將曾見於經、律、論中的資料，做一番綜合的介紹而已[1]。

一、何謂神通？

首先要知道的是神通的定義[2]。

變化莫測，謂之神；無拘無礙，謂之通。所謂神通，合起來講，便是既能使人莫測他的所以，又能為所欲為而了無障礙。當然，除了已經成佛的過去諸佛，菩薩也好、羅漢也好、天神也好、修得禪定的凡夫也好、阿修羅神也好、外道的仙人也好、乃至鬼神也好，雖各各皆有或大或小與或多或少的神通，總也不能到達絕對莫測與究竟無礙的境界。除了佛陀之外，其他的神通之莫測與無礙，都是比較的，都是相對的。

在佛教所稱四聖六凡的十法界中，從大體上說，除了未修的人與畜生，以及地獄道中的罪苦眾生之外，其餘的四聖——聲聞、緣覺、菩薩、佛，固然都有神通，即使六凡之中的天神、修羅神、鬼神、乃至人與畜生之中的修定者，也有神通的。

因此，神通的類別，有的分為三種：

（一）由報而得的神通。係指諸佛菩薩，三界二十八天的天人，以及各種神鬼的神通，皆依各各的果報，自然感得。

（二）由修而得的神通。係指三乘聖者，從「戒、定、慧」三學的修持之中所得的六通，以及外道仙人，從世間禪定的修持之中所得的五通。

（三）由變化而出的神通。係指三乘聖者，以其神通之力，所變現的種種神通。

由此可知，神通所指的範圍，的確非常廣大。從佛陀境界的隨類應化，下至鬼神的感應，乃至一般凡夫與凡夫之間，偶爾發生心靈的交感，均在神通的領域之內。正如《瓔珞經》中所說的：「神名天心，通名慧性。」凡是體驗到了天真之心的，即為神；凡是透發智慧之性的，即能通。天心是定境，慧性是智照。神通是不能離開了禪定與智慧而獨立存在的。如由神通而想超出三界、了脫生死，那又不能離開了戒律的持守而可求得的。三乘聖者之能有六通，比凡夫外道之僅有五通，聖者多了一項漏盡通，便是由於戒、定、慧的同時並修而可了脫生死。凡夫外道不持戒，所以僅有得到五通的希望，不能了脫生死。

故在《楞嚴經》中，有這樣的四段話：

（一）戒淫：「婬心不除，塵不可出。縱有多智，禪定現前，如不斷婬，必落魔道——上品魔王，中品魔民，下品魔女。」

（二）戒殺：「殺心不除，塵不可出。縱有多智，禪定現前，如不斷殺，必落神道——上品之人，為大力鬼；中品則為飛行夜叉，諸鬼帥等；下品當為地行羅剎。」

（三）戒偷盜：「偷心不除，塵不可出。縱有多智，禪定現前，如不斷偷，必落邪道——上品精靈，中品妖魅，下品邪人。」

（四）戒妄語：「如是世界，六道眾生，雖則身心，無殺、盜、淫，三行已圓，若大妄語（未得謂得，未證謂證），即三摩地（禪定），不得清淨，成愛見魔，失如來種。」

其中所言「塵」者，便是惑障，便是煩惱生死。故在《四十二章經》中說：「透得此（情愛）門，出塵羅漢。」了脫生死，即是出塵羅漢。

可見，神通是神祕可愛的，如果不能持戒，神通也是無用的。

二、五通與六通

三界的凡夫外道乃至鬼神，可得五通。出世聖人可得六通[3]，六通的名目，根據《大智度論》的次第，是這樣排列的：

（一）神境智證通，又稱身如意通，又有稱為神足通的。[4]

（二）天眼智證通。

（三）天耳智證通。

（四）他心智證通。

（五）宿命智證通。

（六）漏盡智證通。

如果到了佛的境界，又將六通演為十通了，唯此十通，仍屬六通的範圍，只是把六通之中第一神境智證通，另化為五通，而成十通。實際上，能夠使人看得到的種種神蹟，也多出於神境智證通。比如最有名的十八神變是：右脇出水、左脇出火、右出火、左出水、身上出水、身下出火、身上出火、身下出水、履水如地、入地如水、空沒在地、地沒升空、空中行、空中住、空中坐、空中臥、現大身滿空、大復現小。這十八神變，都是神境智證通所現的。現將五通、六通與十通的配合，列表如下：

- 聖者六通
  - 凡外五通
    - 神足通
      - 示現神力方便智通
      - 示現多身方便智通
      - 往來速疾方便智通
      - 莊嚴剎土方便智通
      - 示現化身方便智通
    - 天眼通
    - 天耳通
    - 他心通
    - 宿命通
  - 漏盡通
- 如來十通

現在，再把這些神通的內容，介紹一下：

神通之皆稱為智證通或智通者，乃因神通之產生，不離於智慧，由禪定產生智慧，由智慧產生神通，雖在世間凡夫外道的五通，有的可由藥力和咒力產生，但那不能持久，多半的五通，皆依世間有漏禪定之所產生。

神足通[5]之所以具有好幾個名稱，正因為神足通所包括的範圍廣大，諸如

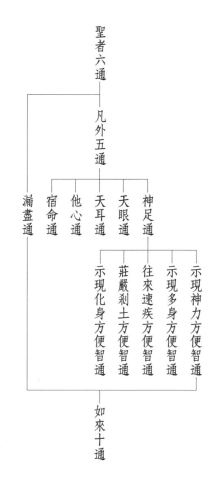

來去自如，入地如水，履水如地，虛空之中，行住坐臥，變化種種形狀，示現種種境界等等，皆屬神足通的職責。能使身體如意變化，自在隱現，速疾往還，所以稱為身如意通，簡稱為身通；能夠變現不可思議之境界，比如佛能化娑婆世界為清淨佛土，能化一身為千百億身，能使十方諸佛國土，納於佛的一根毛孔之中，置之一根毫毛之端，所以稱為神境通；又因能以神通之力，無遠弗屆，來去迅速，所以稱為神足通。如能得到這一神通之後，鑽天入地，移山倒海，撒豆成兵，呼風喚雨，騰雲駕霧，那是不成問題的事。有了這一神通的人，又何止只有孫悟空那樣的七十二變，那簡直可以隨心所欲，要怎麼變就怎麼變。

比如提婆達多向十力迦葉學得了修習神通的法門，他便：「初夜後夜，警策修習，於後夜分，依世俗道，獲初靜慮，即發神通，轉一為多，轉多為一，或現或隱，山石壁障，身皆通過，不能為礙，猶如虛空；入地如水，履水如地，在虛空中，跏趺而坐，猶如飛鳥；或時以手摩捫日月……。」（《根本說一切有部毘奈耶》卷十四）

這是依世間禪定初禪的工夫，所得的神足通，如與出世間定所得的神足通比較，自又不能同日而語了。

再說天眼通[6]。天眼通是指修得與色界天人同等的眼根，有了天眼通的人，他的眼力便可與天人一樣，天眼所見的範圍，六道眾生，萬事萬物，若近若遠，若粗若細，若覆若露，乃至眾生的死此生彼，自己以及眾生的未來生死，都能看到。神怪小說中的千里眼，能夠見到千里以外的東西，有了天眼的人，何止能看千里以外？

至於天耳通是指修得與色界天人同等的耳根，有了天耳通的人，他的聽覺便可與天人一樣，天耳所聽的範圍，凡是六道之中的一切聲音，無所不聞，天上的天音樂聲、天女天子聲、天人娛樂聲，人間的男聲、女聲、樂聲、苦聲，乃至種種傍生之聲，各各餓鬼之聲，以及地獄受罪之聲。要聽什麼聲，就有什麼聲，雖能使得聽覺的距離無遠弗屆，但卻各各分明，毫不混雜。這與神怪小說中的順風耳，自又勝一層、十層，乃至千百萬層了。

說到他心通，他心通是能夠知道他人的心念，若善若惡，若悲若愁，若苦若樂，若喜若怒，若淨若垢，若瞋若惱，若疑若怖，並亦自己觀得心念的生、住、異、滅。有了他心通的人，既可知道他人的心思，便可不愁遭受他人的暗算了。但是，他心通只能用於有心念活動的人，如無心念的活動，也就莫測高深了[7]。

這有一個故事：在唐朝代宗時代，從西天——印度來了一位大耳三藏，他有他心通，皇帝見了，便介紹給慧忠國師見面，並予試驗，慧忠國師問大耳三藏說：「你有他心通嗎？」他答：「不敢當。」慧忠國師便問：「你說我現在在什麼地方呢？」他答：「和尚是一國之師，怎麼會去西川看賽船呢？」又問：「現在我在何處？」他答：「和尚是一國之師，怎麼卻到天津橋上去看弄猢猻呢？」慧忠國師第三次再問：「現在呢？」大耳三藏觀察了好久，也觀察不到慧忠國師的心，不知慧忠國師的心究竟到哪裡去了。原來是慧忠國師止住了心念的活動入了定，所以雖有他心通，也是不濟事了。因此被慧忠國師罵道：「你這野狐精，他心通呢？」到了無念之時，他心通是用不著的。（見《景德傳燈錄》卷五）

什麼是宿命通？宿命通能知自己在六道之中的過去生死，並知六道眾生在六道之中的過去生死。如果有了宿命通的人，過去生中的事便能回憶，正像人到老年時，仍能回憶童年時代、少年時代、青年時代、中年時代的往事一樣。

甚至人之回憶，尚有遺忘的許多事，但是宿命通對於過去生死的種種情形，是不會遺忘的，如果有了宿命通，他對他自己曾經做牛做馬，變狗變豬，上生天堂，下墮地獄，誰是過去的父母，誰是往世的眷屬，誰又是前身的怨仇，便可歷歷如繪，瞭如指掌了。宿命通與天眼通，是相互為用的，天眼通能知未來生死，宿命通則知過去生死，有了天眼通與宿命通，便可知道過去與未來了。

最後說到漏盡通。漏是漏洞，有了漏洞的水缸，水是永遠注不滿的，邊注水邊漏水，不把漏洞塞住，注水等於白費工夫。我人修行也是一樣，修行的人如果不斷煩惱，即使修行，永遠也不會了生脫死。有煩惱便會作惡，作惡便是修行功德的漏洞，修行而有漏洞，修行的功德永遠也不會圓滿。持戒，便是堵塞這一生死漏洞的唯一方便。所謂漏盡，便是斷除了生死煩惱之根，能斷生死煩惱之根，便是得到漏盡通了。所以凡夫外道乃至鬼神，都可由其報得或由修行而得前五通，唯有第六漏盡通，凡夫外道以及異類鬼神是沒有份的，一定要證到了三乘聖果以上的聖者，才能得到漏盡通，能夠不受六道生死的束縛，超出了三界生死之外，所以叫作漏盡通。因此，漏盡通者，即是生死無礙的意思。

三、六通與三明

前面說過，神通雖是莫測與無礙的意思，但也是相對的、比較的，除非成了佛，才是絕對的和究竟的。

因此，神通的境界，乃有千差萬別了。

外道的五通仙人，以神足通所變的種種幻象境界，最多保持延續到七天的時間，其所能夠變的境界與種類，也是有限並且局部的；佛及佛陀的羅漢弟子，所變的境界是無限的、全面的，沒有暫久的。不過，即使在佛與羅漢之間，神足通的通力，也有極大的距離。這有一個故事：有一次，目犍連尊者思念他已經去世的母親，便用天眼看到他的母親，已生在摩利支世界。他即向佛說：「父母對於子女的愛護，能夠難作能作。我的慈母現在生於摩利支世界，距離此間太遠太遠了，很少有人能到那個世界去教化她皈依三寶的，但願世尊慈悲，能去教導我的母親。」

佛陀立即答應了，並問目犍連尊者：「那麼用誰的神力去呢？」

目犍連尊者心想，佛陀常常說他是弟子之中的神通第一，所以便說：「唯願世尊慈悲，給我加被，以我的神力去好了。」

於是，目犍連尊者便運用他自己的神力伴同佛陀，向摩利支世界出發，每移一足，即蹈一個世界，即過一座大須彌山。就是這樣，一連走了七天，才到摩利支世界。

但當教化目犍連尊者的母親之後，以佛的神足通，帶著目犍連尊者，回到我們這個世界時，佛陀只說：「當還本土，以我神力。」即在言下，佛與目犍連尊者便已還到了本土，到印度的逝多林下了。（見《根本說一切有部毘奈耶藥事》卷四）以此可知，佛與羅漢的神通，其相差的程度，也是不可以道里計的了。

外道的五通仙人，以天眼通所看眾生的未來生死，也是有限的。外道的五通仙人，不能看出每一眾生的最後歸宿，也不能看到自己的最後歸宿，甚至只能看到未來的一生，除了知道從此死了究竟往何處投生之外，至於再往下看，就看不到了。天上的天人，往往都是如此的，當他們的色相衰敗時，便知死亡將至，便可看到死後的去處。同時，天人的天眼，也有差別不等。欲界天人的天眼，只能看到欲界以下的事物，而看不到欲界天以上的事物，下一層次的天人，看不到上一層次的事物，只有色究竟天的天人，可以看到三界眾生的一切活動。其實，到了無色界天，根本無有形色可看，所以天眼用在察看上的實際範圍，只是欲界與色界而已。再往上去，至三界以上，已不是天眼通的範圍，而是天眼明的領域了。佛及聖者的天眼，皆稱為明。通是無礙，明是覺照，天眼明能夠覺照一切眾生的未來生死。天眼通只能知道死此生彼的過程大略，天眼明則能知道每一眾生、每一生死過程中的種種行業因緣，絲毫不差。

因此，天眼的名稱也分三種：轉輪王以下的稱為假天眼，四王天以上的天人稱為生天眼，羅漢以上的聖人稱為清淨天眼。

宿命通的境界也是萬類不等，有了宿命通，能知過去生中的情形。但是，除了佛陀，不能追溯到無始以來屢生屢劫的過去生死，通常的神鬼，只知過去的一生、兩生，通常的五通仙人，也只知過去的一世、兩世，由於修持工夫的深淺，以及各人善根的厚薄，能知過去的十世、百世，那是了不得的成就了，直至阿羅漢與辟支迦佛（獨覺），能知過去八萬大劫中的生死之事，八萬大劫以上，就不得而知了。

這有一個故事，有一次佛與舍利弗尊者，看到一隻鴿子，佛問舍利弗，那隻鴿子本來是什麼？舍利弗便用宿命通看那隻鴿子，一直看到過去的八萬大劫，鴿子還是鴿子。只有佛陀看到那隻鴿，曾經為人，由於業報，一墮鴿身，竟已超過了八萬大劫。這個故事，本為說明人身難得，一失人身，萬劫不復，勸人及時修行的，但也說明了阿羅漢的宿命通，也是有限的。唯有諸大菩薩、諸佛世尊，才能推知過去的無量億劫；事實上，佛菩薩的已是明，而不是通了。

他心通，到了無念之境，便用不著，對於三界以上，很少用到他心通了。漏盡通，唯有出了三界生死的聖人才有，所以三界以內的眾生，對它根本不能想像。

以此可知，神足、天眼、天耳、宿命，此四通的境界，自諸佛菩薩，而至外道鬼神，雖都有份，但卻高下不等，境界懸殊。他心通雖通於凡聖，用途多在凡界，或對凡界而用；漏盡通則唯局聖人，不及三界。到達羅漢果位之後的六通，實則僅有三通，其餘三通，便稱為明。在羅漢與菩薩稱為三明，到達佛境，雖亦可稱三明，但已另有一個名稱，而稱為三達了。

六通與三明，關係殊為密切，六通是三明的根本，三明是六通的昇華，有了三明的，無不具足六通，具足六通的，亦將得到三明。六通與三明，可以下表說明之：

六通
- 神足通
- 天眼通——天眼明
- 天耳通
- 他心通
- 宿命通——宿命明
- 漏盡通——漏盡明

（天眼明、宿命明、漏盡明）——三明

以凡聖的階層，來說明五通、六通、三明、三達的配合，則如下表：

三界五通
- 神足通
- 天耳通
- 他心通
- 天眼通
- 宿命通
- 漏盡通

（天眼通、宿命通、漏盡通）——大阿羅漢至大菩薩三明——佛三達

（神足通、佛三達）——聖者六通

三明既是六通的昇華，何以在六通之中，只有三通可昇為明，其餘三通就不能昇之為明呢？這在《大毘婆沙論》卷一〇二中，有這樣的解釋：「身如意（神足通）但工巧，天耳通但聞聲，他心但知他人心，故此不立為明；餘三所以為明者，天眼知未來苦，宿命知過去苦，俱能厭離生死，又，漏盡能為正觀而斷煩惱故。」（編案：本段原文係引自荊溪湛然之《止觀輔行傳弘決》卷七：「……故《婆沙》中，問：何故餘三不立明名？……」，而非直接出自《大毘婆沙論》卷一〇二）

根據這一解釋，通與明的確立，端在能否使人出離三界的生死苦海而定。再者，我們也可看出，凡是偏重於三界之用途的，便不能成之為明，凡是偏重於出離三界之用途的，便可成之為明。換句話說：凡是僅用於有形、有色、有行動的神通，只稱為通，若能兼用於世出世間乃至僅用於出世間法的，才可成之為明。

又根據《大智度論》卷二，對於神通與明的解釋，是這樣的：「直知過去宿命事，是名通；知過去因緣行業，是名明（宿命）；直知死此生彼，是名通；知行因緣際會不失，是名明（天眼）；直盡結使，不知更生不生，是名通；若知漏盡，更不復生，是名明（漏盡）。」

大體上說，小乘聖者，均可能有六通，但在未證大阿羅漢以前，只能稱通，而不得稱明，到了大阿羅漢以上，則又將天眼、宿命、漏盡的三通，稱之為三明了。但在一般的說法，三明六通，可以連起來稱的，也可以說，三明六通是阿羅漢所具的功德。比如《觀無量壽經》中：「聞眾音聲，讚歎四諦，應時即得，阿羅漢道，三明六通，具八解脫。」

但是，上面曾說，神通的境界，除了佛陀，其餘都是未圓滿不究竟的。所謂明，是明白的覺照，但尚未能透達至最高深處與極無限處。唯有佛陀，才能對於世出世間的一切萬法，無不明白覺照，透達窮盡。所以，三明的工夫，到了佛果圓成之時，便稱之為三達了。三達，又是六通的再度昇華，也是三明的至極之境。

四、神通不是萬能

看了神通的境界與神通的功能之後，也許有人以為神通是萬能的，有了神通，便可解決一切的問題。我也曾聽有人這樣說過：「今天的時代太亂了，人命太沒有保障了，主要的原因是出了一些人間的魔王。如果今天，能有一個像孫悟空那樣的人物出世，把那些人間的魔王，在不知不覺中殺死，或者給他們一些神通的顏色看看，讓他們感到恐懼之時，我們的時代社會，也就不再會如此地可怕了。」

以一般人的猜想，這樣的觀念，雖然幼稚，但卻並不可笑。然以佛教的觀點來說，那是絕對不可能的事。因為，神通不是萬能的[8]。在一切凡聖的神通之中，以佛的神通最為究竟，但是佛陀雖為無時不覺、無所不知的大覺智人，佛陀也非萬能，佛陀也有三種不能辦到的事：

（一）不能度無緣眾生。

（二）不能令眾生界空。

（三）不能滅眾生定業。

佛陀廣度眾生，只能誓願度盡眾生，卻不能度脫一個與佛無緣的眾生。比如有些人們，生在佛時，竟未聞有佛之出世；有些人，舍利弗與目犍連能度他們出家，卻不受佛的度化，這都是緣的關係。佛陀雖然發誓度一切眾生，卻不能度盡所有的眾生，教化的責任在於佛陀，學佛修行的責任則在每一個眾生，不受教化的眾生，佛也愛莫能助。佛陀雖已斷盡了一切煩惱，並教眾生滅除煩惱的方法，但是各人先世所造的定業，定業成熟，必然受報，雖為佛陀，也是無可奈何。所以即使成佛之後的釋迦世尊，由於先世的業因，仍要感受到十種煩惱的果報：

（一）六年苦行。

（二）孫陀利女殺身謗佛。

（三）乞食羅閱城時，木槍刺足。

（四）毘蘭邑安居三月中，食馬麥。

（五）琉璃王滅釋迦族，頭背疼痛。[9]

（六）婆羅門聚落乞食，空鉢而回。[10]

（七）旃荼女偽裝懷孕，謗佛通姦。

（八）提婆達多推下山石，傷破足指出血。[11]

（九）在阿羅婆伽林，入夜寒風破竹。[12]

（十）骨節煩疼。（編案：見《佛說興起行經》卷上）

至於佛的諸大弟子，除了薄拘羅尊者是無病長壽之外，其餘的諸大弟子，幾乎都有業障的。舍利弗是智慧第一，舍利弗的神通，曾與目犍連比過，遠在目犍連之上[13]，因其智慧蓋過了神通，故稱智慧第一；但他也是多病第一，舍利弗的一生，幾乎是在生病中度過的。另有一位畢陵伽婆蹉，也以神通聞名，並以神通護法救人，但其自從出家之後，也是經常生病。

目犍連尊者是有名的神通第一，但當釋迦族遭受滅族之難時，雖以神通將缽救人，救出之後，活人卻都成了血水；目犍連常以神通救人度人，但他自己到最後，竟又被執杖外道圍打而死。

迦留陀夷是大阿羅漢，他以種種善巧方便，種種神通變化，度了九百九十九家信佛學佛，並皆證到初果以上的聖階聖位，但當他度到第一千家時，竟被暗殺而埋屍於糞坑之中。

仙道比丘本為國王，後來出家證得阿羅漢果，但是當其在返國途中，其子誤以為他將收回王位，而派人來取他的腦袋。他不怕死，但他不忍使他的兒子造下殺父與阿羅漢的雙重逆罪，故想以神通之力，逃脫被殺之禍，但他竟然不知如何發起神通，甚至連神通一詞也想不到了。

蓮華色比丘尼，乃是尼眾之中的神通第一，但當她在阿蘭若處靜坐之時，遇到了一個色狼，她雖已是離欲的阿羅漢，那個色狼仍不放過她，她問他愛她什麼，他便說是愛她美麗的眼睛，於是便以神通，把眼球挖出送他，那個色狼竟然因此惱羞成怒，說她玩弄妖術，並將她狠狠地毒打了一頓。因此佛陀制戒，不許尼眾住阿蘭若處。

像這種例子，在佛經中是很多的。這不是說神通不靈，而是說神通不是萬能，敵不過業力的。阿羅漢是最後一生，即使在最後一生中，也要算清最後一次的業障，因為「定業」，必定受報，如果業不受報，便違背了因果定律。

再說，神通的產生，雖說有三種，實則不外報得與修得的兩種，變化而得的神通，可以包括在修得的神通中去，所以通常說的神通，總是說報得與修得的兩種。

報得的神通與修得的神通，在功用上是相同的，但在發起或使用上是不同的。從大體上說，報得的神通，是隨時可以使用、隨時靈通的，修得的神通，則必須由定力的發動，才可使用神通。所以阿羅漢可能有神通，但卻未必每一位羅漢皆必有神通。《根本說一切有部毘奈耶藥事》卷三，有這樣一段記載：「時彼長老圓滿，有大智慧，不修神通，而作是念：我雖斷諸煩惱，不修神通，同諸外道，所有神通。」斷諸煩惱的，便是阿羅漢，阿羅漢不修神通，便無神通。羅漢有慧解脫與定、慧俱解脫的不同，大抵慧解脫的羅漢，若不修神通，便沒有神通。

另有一個例子，《根本說一切有部苾芻尼毘奈耶》卷二，載有一位妙賢苾芻尼，已證阿羅漢果，有一天沿街托缽乞食，經過阿闍世王的宮前，王臣見她美麗，將她軟禁起來，強為她換上宮人的服裝，佩上宮人的飾物，把她送給阿闍世王，王見其美，她遂被汙了！第二天，蓮華色尼以神通飛至宮內的空中，對她說：「姊妹！妳已破除煩惱之魔，何不發起神通，逃脫此處，而受這種淩辱呢？」於是教她如何調心，如何修神通。即在須臾之間，妙賢羅漢尼便得神足通，乘空飛返尼僧的僧團之中。[14]

由這兩個例子，可以說明羅漢並非皆有神通的。神通主要是從禪定而來，所以有了神通的大阿羅漢，平時也跟凡夫一樣，所見不出數百公尺，日行不過百里左右，所聞不超常人的範圍，所知不越一般的領域，所有的僅是血肉之軀。如果要用神通，必須運心方得。

同時除了聖者的神通不會失去之外，凡夫的神通，是會失去的。由於貪心、瞋心、癡心的旺盛，便會失去神通。所以提婆達多由十力迦葉教他依止世俗道，修得初禪而發神通之後，因為自傲自狂，並作無恩之言，而說：「彼十力迦葉與我何力？我自日夜，常求精進苦行，得第一禪定力，是我自求，不關十力迦葉事。」即在言下，便失神通。（《破僧事》卷十三）

佛經之中又有記載，在久遠以前，有五百個五通仙人，乘空飛過一個王宮的上空，聞到宮中宮女奏樂娛樂遊戲之聲，由於一念貪著，五百個五通仙人，竟像鎩羽之鳥，全部失去神通，跌落在宮中，王問他們是什麼人，他們說是飛空的仙人，王令他們再飛走，他們卻不會飛了，於是被王當作賊人辦了。又有釋迦世尊在因地時，曾做五通仙人，並能指令天神不再降雨。經過乾旱十二年後，當地國王的公主，便帶了許多美女去接近仙人，仙人在淫欲的貪樂中，竟把他的神通喪失了，天也下雨了。

還有，在神通的使用方面，修得的神通固然需要入定之後始能發通，即使報得的神通，在貪、瞋、癡等重大煩惱現前的時候，也會不起作用。比如龍的神通是由報而得的，龍能變化自如，但是龍有五時不能變化：生時是龍，瞋時是龍，淫時是龍，眠時是龍，死時是龍。

五、佛教不重神通

神通的境界，雖以佛教最高，佛教卻是一個不重視神通的宗教。基督徒們總喜歡誇讚耶穌的神蹟，比如耶穌使水變酒，使聾子能聽，使瞎子能見，使幾個餅、幾尾魚餵飽幾千人，能夠趕鬼，能在水上行走等等。其實這些神蹟，在佛教中簡直數不勝數，除了佛陀，即在佛教的高僧，能有這些神蹟的，也是不勝枚舉。但是佛教，並不重視這[15]，佛教多數的高僧，不以有了神通而成為高僧，乃由於他們的人格，他們的道行（道德的行為），超過了常人，所以成為高僧。在佛教史上，雖然也有好多「神僧」，高僧傳中，也以神僧列為一科，但是最受後人敬仰，並於後世影響最大的高僧，卻不是神僧，而是有學有行、有德有成、有作有為的出家人。神通的作用，雖能轟動一時，但不能影響及後世。

佛教是人的宗教而不是神的宗教，佛教學佛，教人從人的本位上老老實實、本本分分地做起，所以佛陀在世的時候，也不主張仰賴神通度化眾生，甚至禁止弟子們現神通。佛陀曾說：「苾芻（即比丘）不應於俗人前現其神力，若顯現者，得越法罪。」（《根本說一切有部毘奈耶雜事》卷二）《根本薩婆多部律攝》卷九則說：「若對俗人現神通者，得惡作罪。……無犯者，為顯聖教，現希有事，自陳已德，或欲令彼所化有情心調伏故，雖說無罪。」可見，佛在原則上是不許弟子們現神通的。佛在僧團之中也很少用神通，佛在人間遊化時，在印度境內，由南到北，由北到南，來往周遊於恆河兩岸，也絕少乘神足通的。弟子之中的目犍連尊者常用神通，化度眾生與折伏外道，佛也絕少明白地要他使用神通，但他所用神通，都能恰到好處，否則，佛陀也是不許的。比如賓頭盧尊者，有一次為了得到一隻掛在半空中的缽，在俗人面前現了神通，便被佛陀訶責了一頓。又有一次，蓮華色比丘尼在佛前現作轉輪王身，也被佛陀訶責了一頓。

雖然如此，為了折伏凡夫的傲慢心，為了顯現佛及佛的羅漢弟子們的聖行聖德，並且因此而可化度無數的眾生之時，佛及佛的弟子們，是會現神通的。佛陀為度外道迦葉，曾現十種神通；為降伏六師外道，曾大現神通；為彰薄福善來（大弟子）的德行，便使他去以神通降伏失收摩羅山的毒龍。

但是，佛教雖有神通，並也會在必要之時利用神通，佛教卻不是一個重視神通，更不是以為有了神通為光榮的宗教。佛教的偉大，乃在有其偉大的智慧與偉大的文化，尤其是偉大的慈悲精神，並不在於區區的神通而已。

（一九六三年二月寫於臺灣美濃大雄山朝元寺，刊於《香港佛教》三十五期）

1（一）禪定者於印度宗教一般視為最大之事。

（二）禪定可發神通：吾人之精神若常離外界而住安靜之狀態，不涉思慮、不加分別，自然能判斷一切而無誤。精神既得自由而不受物欲之束縛，不受五官之束縛，則智慧自然顯發其本性。其見聞覺知之作用，遂出於肉體五官以上——精神可以自由役使肉體，即所謂神通是也。

（三）神通或云四如意足，或云五神通，或云六神通者。神通力用者終不外智慧之自在力而已，以智慧之自在力能使肉體之作用如意變化故。（境野黃洋著，《印度佛教史》）

2 離欲惡不善法，有尋有伺離生喜樂，入初靜慮具足住。尋伺寂靜住內等淨，心一趣性，無尋無伺定生喜樂，入第二靜慮具足住。離喜住捨，具念正知，領身受樂，聖者於中，能說能捨，具念樂住，入第三靜慮具足住。斷樂斷苦，先喜憂沒，不苦不樂捨念清淨，入第四靜慮具足住。菩薩如是修靜慮時，於諸靜慮及靜慮支皆不取相，發起殊勝神境智通，能作無邊大神變事。（《大般若經》卷三五〇，《大正藏》六・七九七頁）

3 五眼六通。參閱《大般若經》卷三五〇、四〇四、四〇五。

4 （一）四神足

1.自在三昧行盡神足：「意所欲心所樂，使身體輕便，能隱形極細。」

2.心三昧行盡神足：「心所知法，遍滿十方，石壁皆過，無所罣礙。」

3.精進三昧行盡神足：「無有懈倦，亦無所畏，有勇猛意。」

4.誡三昧行盡神足：「知眾生心中所念，生時滅時皆悉知之，有欲心無欲心，有瞋恚心無瞋恚心，有愚癡心無愚癡心，有疾心無疾心，有亂心無亂心，有少心無少心，有大心無大心，有量心無量心，有定心無定心，有解脫心無解脫心，一切了知。」（《增一阿含經》卷二十一〈苦樂品〉第二十九第七經）

（二）佛說：「世俗五通非真實，行後必還失，六通者，是真實行。」象舍利弗說：「遊於世俗禪，至竟不解脫，不得滅盡跡，復習於五欲；無薪火不燃，無根枝不生，石女無有胎，羅漢不受漏。」（《增一阿含經》卷四十六〈牧牛品〉第四十九第四經）

（三）「轉輪聖王在世遊化，成就此七寶及四神足，無有缺減終無亡失。」（《增一阿含經》卷三十三〈等法品〉第三十九第八經）

按：此四神足與羅漢四神足不同，此指顏貌端正，聰明蓋世，身無疾患，壽命極長。

5（一）神足比丘：「爾時世尊告諸神足比丘大目犍連、大迦葉、阿那律、離越、須菩提、優毘迦葉、摩訶迦匹那、尊者羅云、均利般特、均頭沙彌。」（《增一阿含經》卷二十二〈須陀品〉第三十第三經）

（二）佛上三十三天說法時「便作是念，我今當以神足之力自隱形體，使眾人不見我為所在」，世尊在「善法講堂」縱廣一由旬的金石上「結跏趺坐遍滿石上」，天人圍繞聽法，而在人間的阿那律尊者「正身正意，繫念在前，以天眼觀」，「已觀三千大千剎土而不見之」。（《增一阿含經》卷二十八〈聽法品〉第三十六第五經）

6（一）羅漢天眼多能見大千界量同大自在天。

（二）天眼四用：透視障礙，明矚微遠，能見未來，遍觀諸趣。

（三）修四方禪方發得天眼通。

（四）佛說：「以天眼觀眾生之類，生者、終者，善趣、惡趣，善色、惡色，若好、若醜，隨行所種，皆悉知之。」（《增一阿含經》卷二十四〈善聚品〉第三十二第四經）

7（一）則天武后延載元年京師有女人自稱聖菩薩，太后召見，所言皆驗，后延大安禪師入宮，試女，問心至阿羅漢地便不知，女即變作牝狐，下階而去。（《佛祖統紀》卷三十九）

（二）慧忠國師試太白山人的山、地、字、算，皆勝之。（《佛祖統紀》卷四十一）

8（一）在大饑饉時，有神足的比丘皆可往鬱單曰乞自然粳米，但被佛陀阻止了，為了許多未得神足的比丘不「使彼長者居士普懷憍慢之心，受罪無量」。（《增一阿含經》卷三十六

〈八難品〉第四十二第三經）

（二）「計目連神足之力遍三千大千剎土無空缺處，不如世尊神足之力，百倍千倍巨億萬倍，不可以譬喻為比，如來神足，其德不可量也。」（同上）

（三）佛說：「舍利弗比丘神力最大。」又說：「然舍利弗所入三昧，目連比丘不知名字。」（《增一阿含經》卷二十九〈六重品〉第三十七之一第二經）

（四）佛又說：「所以然者，舍利弗比丘智慧無有量，心得自在。……舍利弗，心神足，得自在。」（同上）

9 《增一阿含經》卷二十六〈等見品〉第三十四第二經記載釋尊患頭痛：「今患頭痛如似石押，猶如以頭戴須彌山。」

10 阿含及律中均說這是由於波旬搗亂，使村人不供沙門瞿曇。

11 《十誦律》卷三十六：「石墮佛足上，傷足上血出，深生苦惱，佛以精進力遮是苦已。」

12 《增一阿含經》卷二十〈聲聞品〉第二十八第三經：「佛在阿羅毘祠側，爾時極為盛寒，樹木凋落。」「今盛寒日，萬物凋落，然復世尊坐用草蓐，所著衣裳極為單薄。」

13 參考《有部律藥事》卷十六及《增一阿含經》卷二十九〈六重品〉第三十七之一第二經。

14 《增一阿含經》卷四十三〈善惡品〉第四十七第七經：「波斯匿王主行非法，犯聖律教，讖比丘尼得阿羅漢道，十二年中閉在宮內與共交通。」

15 佛說：「由禪得神足，至上不究竟，不獲無為際，還墮五欲中，智慧最為上，無憂無所慮，久畢獲等見，斷於生死有。」（《增一阿含經》卷三十八〈馬血天子問八政品〉第四十三）

神鬼的種類

神與鬼[1]是神祕的，也是人人不知不見的，萬一見到，也是可怕的。所以，孔子要說「不語怪力亂神」。但是，神與鬼的存在，即使遭受科學家的議論，也無法加以否定。因此，今天來跟各位談談這個問題，相信也會感到興趣的。

一般不知道佛教教理的人，總以為拜神求鬼，都是佛教的迷信，其實，那是錯的。一個真正信佛的人，一個真正皈依了三寶的人，除了禮拜佛菩薩，供養出家人，他是不會拜神求鬼的。

正因為如此，佛教所講的神與鬼的觀念，也跟一般的傳說不盡相同。一般傳說人死即變鬼，正直者死後成為神。其實，人死之後可能變鬼，但也很可能不變鬼，正直的好人死了可能成為神，但也很可能不會成為神。

我們佛教，以為一切的眾生，如不信佛學佛，便不能了生脫死，既不能了生脫死，便在六道之中輪迴。什麼叫作輪迴？輪迴就是像車子的輪子，在行走時轉來轉去、轉上轉下，總還不出車輪的範圍。車輪的周圍，忽上忽下、忽前忽後，輪轉不已。眾生生了又死、死了又生，也跟正在轉動的輪子一樣，流轉不息，往還不已。什麼又是六道輪迴呢？六道就是：天上、人間、修羅、畜生、餓鬼、地獄。在這六道之中，天上最好，地獄最苦。我們只要有一天不能了生脫死，就有一天在這六道之中來來去去、上上下下、生生死死。種了善根，行了善事，最好的去處便是生天；做了壞事，造了惡業，最壞的去處便下地獄。真正上了天的人，很少會再來人間顯靈；真正下了地獄的人，根本沒有自由活動的機會，所以也不會來人間顯靈。如果轉生投胎，又生到了人間，既生為人，他也不能顯什麼靈了。如果投生為畜生，變牛變馬，乃至變成了昆蟲螞蟻，他也無靈可顯了。所以在六道之中，只有修羅與鬼是可能顯靈的。但是剛才說過，六道是輪迴的，在天上，沒有不死的天神；在人間，沒有不死的人、沒有不死的畜生、沒有不死的鬼，也沒有不死的地獄眾生。所以神與鬼的顯靈，也是有時間性的，凡是顯靈的神鬼，通常總不會延續數百年以上的，有的僅僅數年，有的只有數月乃至數日之間，便消失了。

這有兩種解釋：第一，是剛才說的，六道之中沒有一個不死的眾生，所以神會死去，鬼也會死去，既然死去了，也就不靈了。第二，是人死之後，不一定成神，也不一定變鬼。在六道之中，成神只有六分之一的可能，變鬼也只有六分之一的可能。一般的神在六道之中稱為修羅，他們既有天人的福報和威力，也有畜生道與鬼道的習氣與業力，所以在佛經中，有的是只講五道而不講修羅的。修羅可以在天上，可以在人間，可以在畜生群中，也可以在鬼道中，他們的身分是不一定的。佛經中的八部鬼神就是屬於這一類，乃至四王天的天王天眾也都屬於這一類。比如：多聞天王是夜叉，增長天王是噉精鬼，廣目天王是龍，持國天王是香神乾闥婆。正因如此，在一般傳說中的神與鬼、神與畜生的界限，就很難分得清楚了。但是眾生在死後的最初四十九天，往往是不會立即投生的，在佛教來說，人死之後，除了善業或定力高的立即生天，惡業重的立即下地獄之外，通常尚有一個叫作「中陰身」的東西，維持著我們的生命，在最初的四十九天之中，每七天一生死，經過七番生死，等待業緣的安排，而去投生。重生為人，固然要投生；去生為鬼，也要投生。但是，初死的人，往往是不知道他已死了的，所以新死之人的作怪，那是不足為奇的。一般所謂作怪的鬼，實際上多半並不是鬼，而是那個尚未投生的「中陰身」，中陰身的身體是由微細物質所成的化生身，大約如五、六歲童子那樣的身量。

一般人總以為人死之後即變鬼，那是錯的，除非是罪業重的人，才會變鬼。故在佛教的觀念中，六道之中，只有天上與人間是可愛的，如果進入畜生、餓鬼、地獄的三道之中，稱為下墮三塗。

至於鬼道，佛教稱為餓鬼[2]，只有貪吝小氣的人，才會於死後生於餓鬼道。不過，餓鬼也跟天上與人間一樣，天上共分二十八天，天人之中，也有天主、天子與天女的分別，二十八個天，一天比一天好，到了第二十八天，那是天中之天。天人之中的福報，以天主最大，其次是天子，再次是天女，所以同樣是生天，生天的享受卻有千差萬別。又如生在人間，人間的貧富貴賤也有千差萬別。因此，如果生在鬼道，鬼道的眾生也有千差萬別，鬼中的最下一等稱為餓鬼，此外尚有少財鬼與多財鬼，多財鬼的福報可與天上相比，但所不同者，他們也要受鬼道的罪報。

實際上，鬼是通於神與地獄的，福報大的多財鬼，他們的威力很大，行動也比較自由，最大的便成為鬼王，鬼王實在就是神了。鬼王統領少財鬼與餓鬼，也管到地獄，比如閻羅王[3]是管鬼的，也管地獄的。閻羅王的威德很大，並可為佛教做護法，所以閻羅王也同於神。但是「朝為閻羅王，晚吞熱鐵丸」，閻羅王與天神不同的，便在於此，天神只享受快樂不受苦，閻羅王是既享福報也受罪報的。

因此，鬼中的大福多財鬼，便通於神，乃至通於天；鬼中的下等鬼，便是餓鬼；鬼中的大罪鬼，便入地獄；鬼中之神，既通於神，也通地獄。不過，鬼雖可能入地獄，入地獄者未必皆要經過鬼道，罪業重的人，竟然還有活生生地墮進地獄去的哩！

地獄與鬼道的最大區別：地獄是只受苦沒有樂，鬼中則是有苦有樂的；地獄是連續不斷地受苦，而且是死去又活來，活來又死去，直到罪報完結，才能於一死之後，轉生其他五道中。鬼道的眾生，是間息受苦，而不是連續受苦。比如餓鬼，是鬼中的下等，是鬼中最苦的一類，但他們只有想到飲食之時，才感到痛苦，或者是在看到飲食與吞服飲食之時，才感到痛苦，平時則不會覺得痛苦[4]。再者，地獄中沒有自由活動的可能，鬼道是可以自由活動的。

鬼道與人道的差別，除了受苦的成分比較深而且重之外，鬼類有一些小神通，比如有人見到鬼，那不是鬼的本來面目，而是鬼的神通化現，至於人則唯有修了禪定的，才有神通。所以在六道之中，除了地獄中的眾生，其餘的都能學佛。

我們常常聽說，有人能以符咒的力量，把已死的人請來跟活人談話，這究竟是怎麼一回事呢？那是不是鬼呢？那是鬼，但也可能是中陰身，不過多半是屬於鬼的一類。那是用神咒的威力以及心靈的感應，把已死的鬼魂召來的。可是那也有個限制，第一，已經投生他道的鬼，不會召得到；第二，已經入了地獄的鬼，也無法召得到。所以用符咒召鬼的法，不一定絕對靈驗，有些以召鬼為職業的人，他們所玩的，多半不是真的，或是一些孤魂野鬼乃至精魅的假託而已。因此，一般以為人死之後永遠是鬼，那是錯的，否則的話，我們也可用符咒去召數千年以前的古人，來和我們對面談心，但事實上，那是辦不到的。

不過有一個例外，那就是已經成了神的鬼，他們的壽命，要比鬼的壽命長，比如三國時候的關雲長，距離現在已有一千七百多年了，但是尚有關公顯聖的神蹟出現。其實，像關公這樣的神，已經不在鬼道，而在天道之中了。天道的壽命很長，在二十八天之中，最下的一天叫作四王天，四王天的平均壽命是五百歲，乃以人間的五十年為一日；四王天的一年，相當人間的一萬八千二百五十年；四王天的五百歲，則相當人間的九百一十二萬五千年。所以，一千七百多年以前的關公，到今天仍能有神蹟出現的事，那是不足為奇的。

前面已經說過，神有天神，也有鬼神，更有畜生道中的神（如龍等），除了天神以外，其餘的神，多數是善惡不分的，邪正不定的，並且是惡多於善的，邪多於正的。接受了人們的恭敬供奉，不一定能為人們帶來幸福，相反地，如果得罪了他們，卻會造成可怕的災禍。

佛經中有一個故事：在佛的時代，印度有一戶人家，供奉了三個鬼神，能夠變作人形，和人談話，吃人的飲食。那戶人家，本來以為供奉了三個神，家裡一定可以平安了。誰知道不到幾年時光，那戶人家為了日日供神，弄得一貧如洗，並且天災人禍連年不斷，財產用光了，人丁也死的死、病的病了，但又不敢得罪那三個鬼神。最後，幸好從遠方來了一位皈依佛教的人，因為此人信佛，而且還受了殺、盜、淫、妄、酒的五戒，凡是皈依三寶，受了五戒的人，都有護戒的天神隨身擁護，那三個鬼神，一見那位佛教徒，便沒命似地逃走了。

這個故事告訴了我們，鬼神是不該接近的，接近了鬼神，所得的壞處要比好處更多；但也不要得罪鬼神，得罪了鬼神，那是有害無益的。鬼神之中，雖然也有正直善良的，雖然也有皈依了佛教的，但因鬼道的業報，使他們的行為，總是多惡少善。所以「敬鬼神而遠之」，那是正確的。至於信了佛教，皈依了三寶，並且已經受了五戒的人，那就不該再去拜神求鬼了[5]。

還有一些神祇，是屬於畜生類的。比如牛神、狗神、馬神、蟒神、龜神，最普遍的還有狐狸精，那些動物的精怪，便是畜生類的神。這些神的類別雖與鬼神不同，但也是善惡不分、邪正不定的，也都是成事不足而敗事有餘的。不過，不論是鬼神或是畜神，他們有好多共同的特性：第一，這些神的作威作福，時間不會太長，所以靈驗的期間，都很有限；第二，這些神的神力不大，所以只能限於某一地方的某一區域有靈驗；第三，這些神的瞋恨心很大，所以不能有少許的事情得罪他們，否則便會加禍；第四，這些神都是貪圖血食供奉的，所以凡是獻祭，都要殺豬宰羊；第五，這些神都是依草附木而住的，所以凡為他們起一個土廟土祠，使他們有了固定的住處，他們都很高興；第六，因為這些神作威作福的時間不長，所以有的神在靈驗了一個時期之後，突然不靈驗了，或者雖然靈驗，卻沒先前那樣靈驗了，這是什麼道理呢？這是說：先前那個神，已經不在該處了，或者已經轉生去了，後來又有一個草頭小神，補了先前那個神的空位，住在那個地方，或因神力太小，故其靈驗也不顯著了。

有許多失修而古老的神廟，只要有人去重新修理，天天燒香拜拜，便有或多或少的靈驗產生。也有無意之中發生的事物，只要有人去拜，也會產生靈驗。其實，那個神廟裡，不管是供的什麼神像，產生靈驗的卻不一定就是那個神像的本身，很可能又是其他的鬼神和畜神，趁空就便地在那裡代理了。

說到這裡，對於神和鬼的觀念，大概已經有一些明白了。最後我要勸告各位：你們如果已經信了佛教的，從現在開始，不要再去拜神求鬼；如果尚未信佛的，請你趕快信佛，也不要再去拜神求鬼。因為神與鬼，並不能夠給我們真正的幸福。至於天上的天神，以及鬼、畜二道的善神，我們只要信了佛教，皈依了三寶，不去求他們，他們也會來保護我們的。事實上，一般人所信的神，不是鬼神便是畜神，而且多是一些邪神，那實在是最愚癡的迷信！

（臺中農民電臺「慈明之聲」播講）

……

1（一）神，舊云阿素洛趣或阿修羅道。乃人、畜、鬼之精美者，及天之降德者，故舊亦曰雜趣。人之精靈者曰神仙、緊那羅；傍生之精靈者曰龍、迦樓羅、摩睺羅伽；鬼之精靈者曰夜叉、羅剎、乾闥婆、毘舍闍、鳩槃茶、薜荔多、富單那；天之降德者曰阿素洛。

（二）鬼，在佛學中乃飢虛之義，可包括餓鬼的名義中，別含幽闇之義。可云幽生，非人死所成，乃轉生之異類。有三等九級：最下無財級曰炬口、針咽、臭口。處中少財級曰針毛、臭毛、大癭。最上多財級曰得度、得失、勢力，勢力類則上通於天神類矣。

（三）《瑜伽師地論》分鬼為由內障礙飲食、由外障礙飲食、飲食無有障礙之三類，大致與前相同。

（四）《正法念處經》說有三十六餓鬼的名目。

2 餓生住處：

（一）正處居此地下五百踰善那，有城周匝數千踰善那量，琰魔王統治之。

（二）邊處居住不定海邊、山谷、空中皆有，有威福者有妙宮殿（如神廟），無威福者依糞穢、草木、塚墓、屏廁而住。薜荔多形似人或亦似諸旁類，皆飢虛畏怯，性極貪求飲食，故名餓生——琰魔王界。

3（一）《起世經》卷四：罪人稱閻王為「大天」，獄卒稱閻王為「天王」。

（二）《長阿含經．世記經地獄品》謂閻王晝夜三時，有大銅鑊自然在前，……受罪訖已，復與諸婇女共相娛樂，彼諸大臣同受福者亦復如是。

（三）《世記經》及《大樓炭經》均謂閻王宮殿（城）二十四萬里，七寶作七重壁、七重欄楯、七重羅網（交露）、七重行樹、園觀浴池，周匝圍繞，幾與欲天無異。

（四）閻羅王也想出家為道，佛說：「比丘當知，（在處置罪人受刑後的）閻羅王便作是說：『我當何日脫此苦難，於人中生，已得人身，便得出家剃除鬚髮，著三法衣，出家學道。』」

（《增一阿含經》卷二十四〈善聚品〉第三十二第四經）

4「一切街衢，四交道中，屈曲巷陌，屠膾之坊，及諸巖窟，並無空虛，皆有眾神，及諸非人之所依止，又棄死尸林塚間丘壑，一切惡獸所行之道，悉有非人在中居住，一切林樹，高至一尋，圍滿一尺，即有神祇，在上依住，以為舍宅。諸比丘，一切世間男子女人，從生已後，即有諸神，常隨逐行，不曾捨離，唯習行諸惡，及命欲終時，方乃捨去。」（《起世經》卷八）

5（一）佛告苾芻們說：「汝等從今於天神處，不應供養，亦勿欺凌，……汝等苾芻，於天神像，不應毀壞。」（《根本說一切有部尼陀那》卷三）

（二）「若至天神祠廟之處，誦佛伽他，彈指而進，苾芻不應供養天神。」（《根本薩婆多部律攝》卷十）

佛陀的生滅年月

本來，我自讀了隆根法師在去（一九五八）年四月號的《海潮音》上所寫〈慶祝佛誕節的建議〉一文之後，便想也說幾句話的，可是隆根法師又說：「本刊（《海潮音》）過去所提出的觀點和建議，似乎未能獲得普遍的注意，或是由於習俗的關係，未便有所行動。」那麼，我們這次的座談結果，對於事實能否有所補益，似乎還是一個問題！當然，問題存在一天，我們就得努力一天，直到解決的那天為止才是。所以我雖淺陋，尤其對於歷史知識的欠缺，仍然要拿出我所知道的一些，提供教內參考[1]。

記得有一次，我在慶祝佛誕的會場上，聽到一位貴賓這樣說：「孔子說：父母之年不可不知。這實在是一種孝敬父母的基本之道。可是據一般的記載和傳說，佛教教主的生滅年月，直到目前為止，還沒有一個統一或正確的肯定，這對佛門弟子來說，實在是一大遺憾……。」那位貴賓不是佛教徒，他能如此關心佛陀生滅時間的問題，我們唯有感激和慚愧！

我們知道，印度是個最不注重歷史記載的民族，印度的古代史實，只能從其他國家，如西方及中國的政治交通和文化史中約略知道一些頭緒，至於某人某事發生於某處的確切年月和日期，實在不容易追查了。所以生在西元前好幾百年的釋迦世尊，他的誕辰，也很使人捉摸不定。不過，我們也不必因此而感到惶恐，因為生於數千年以前的古人，不唯是印度的佛陀，即使中國的老子、孔子，和西方的耶穌，也有同樣的問題存在著。中國的老子，直到目前為止，還是一位傳奇式的人物，古代的老子有好幾位，但不知到底哪位才是《道德經》的作者，甚至有人根本否定了老子這個人的存在，而說《道德經》是後人的偽託。至於孔子，《史記》說魯襄公二十二年孔子生，《公羊傳》與《穀梁傳》則說孔子生於魯襄公二十一年，有人主張《史記》的記載較為正確。可是根據年月日的推算，孔子是生於周靈王二十一年（庚戌），生日為舊曆八月二十七日，而今日我國教育部則將陽曆九月二十八日定為孔子的誕辰，可見仍是一個問題。再說耶穌，一般人以為現行的西元元年，便是耶穌的誕生之年，然據史家的考證實在並不如此。法國勒南的《耶穌傳》說：「我們無從知道他誕生的確實日期，我們只知道他的誕生是奧古士特帝的統治期內，也許是羅馬紀元第七五〇年，那就是說，現行西曆第一年的前幾年。」中國天主教徒羅光的《基督傳》說：「但是近代考據家都認為西元元年最少該提前五年。」另外基督教與天主教的耶誕節是十二月二十五日，東正教會（流行於蘇俄與東歐各國者）的耶誕節則為一月七日。而更有趣的，是耶穌的誕生地——伯利恆（其實這也只是傳說中的誕生地）的居民，一年之中竟過著十二月二十五日、一月六日、一月十八日的三個耶誕節。

當然，我們雖不必惶恐，但也應該慚愧！孔子的生年雖有異說，今天的法定孔誕，固久妥切，全國的孔誕只採用著固定的一種；耶穌的生年雖然不詳，耶誕的日期雖也不一，然除東正教會及伯利恆一地之外，絕對多數的耶穌信徒，卻有一個共同的耶誕。論到我們的佛教，南傳有南傳的佛誕，北傳有北傳的佛誕，在北傳之中又有中國依照陰曆計算的佛誕，和日本依照陽曆計算的佛誕；到臺灣本省，因曾受日本統治五十年，到光復以後，竟將中、日兩種佛誕日，兼容並行了。這對慶祝的觀念來說，不唯不莊重和不恭敬，簡直就是一個諷刺！

根據史實的考證，對於佛陀的聖誕，實在是個令人困擾的問題[2]，我讀書很少，至少在目前來說，還不夠從事這項工作開發的能力，故我在此只能摘錄一些所曾見過的記載，做為初學者的參考。

美國桑戴克博士（Dr. Lynn Thorndike）的《世界史綱》（*A Short History of Cilivization*），稱佛陀約生於西元前五六八年，卒於四八八年。正好是八十歲入滅。美國由海思（Carlton J. H. Hayes）、穆恩（Paker Thomas Moon）、威蘭（John Water Wayland）三人合著的《世界通史》（*World History*），稱佛陀約生於西元前五五〇年。周祥光的《印度通史》，稱佛陀生於西元前五六七年，逝於四八六年。這與《世界史綱》的年代相近。楊白衣的《印度佛教概說》（係油印本）稱：「釋迦誕生有種種年代之說的不同，其中經考證最為正確的，就是西元前五百六十五年。」國內現行的高中歷史教科書上，則說佛陀約生於西元前六二〇年，死於五四三年。

由以上五種記載來看，竟沒有相同的出現。不過，《世界史綱》稱佛陀生於西元前五六八年，《印度通史》稱佛陀生於西元前五六七年，《印度佛教概說》稱佛陀生於西元前五六五年，都很相近，只有《世界通史》說得過遲，高中教科書則又稍早了一些。

依照佛教的習慣，佛教紀元不是從佛陀生年算起，而是由佛滅那年推起的，也許因佛陀的生年無從知道，只有在佛滅後的一些佛教文獻中去推算佛陀生平的原因罷！因此，凡要談到佛陀，就要談到佛滅。

梁啟超的〈印度佛教概觀〉一文中，曾說：「佛滅後百五十二年有一事為印度文化史上所宜特筆大書者，則亞歷山大大王之大軍侵入是也。」也就是說，當亞歷山大大王入侵印度的那年，佛滅已經一百五十二年了，那年則為西元前的三二七年。一百五十二加三百二十七，佛陀入滅則等於西元前的四百七十九年，再加佛陀壽數的八十年，西元前五五九年即是佛陀的生年。這一推算，能否稱為正確，實亦不得而知。

梁啟超在同一篇文字中又說：「至佛滅後二百十九年，阿育王即位，教乃中興。」也就是說，當阿育王即位的那年，佛陀入滅，已是二百一十九個年頭了，據考證阿育王即位，是在西元前二六六年，那麼佛滅是在西元前的四八五年，加佛壽八十歲，西元前的五六五年，便是佛陀的生年了。楊白衣所說「經考證最為正確的，就是西元前五百六十五年」，可能就是根據這一阿育王即位年代的記載。

另外，印順法師的〈佛滅紀年抉擇談〉中說：「錫蘭所傳的《善見律》，有『阿育王自拜為王，從此，佛涅槃已二百十八年』的傳說。」又說：「或說二百一十八年滿，已是二百十九年了。」這與梁啟超所說的相同。亦即為梁氏所本。

印順法師又引《阿育王傳》：「佛滅百年後，王華氏城，號阿恕伽（Aśoka 阿育王）。」又引《十八部論》：「佛滅後百十六年，城名巴連弗，時阿育王王閻浮提。」印順法師本人及日本的小野玄妙和宇井伯壽，都是根據《十八部論》做為佛滅年代的推算。也就是說西元前二六六年阿育王即位，加上一百一十六年便是佛滅的年代。再加佛壽八十歲，西元前四六二年，才是佛陀的生年，這與南傳《善見律》的記載，竟又落後一個世紀出頭了。

然而一九五六年世界佛教徒友誼會，第四屆大會決定了慶祝佛誕的年月和日期，所以印度、錫蘭、尼泊爾等南傳佛教的國家，舉行佛曆二千五百年的慶祝大會。那只是根據南傳佛教的習慣所得出的統一規定，並規定每年陽曆的五月月圓日為佛誕日。但那並沒有正確的史實可以做為他們的根據。因為如以錫蘭《善見律》的記載，到一九五六年，已是佛誕的二千五百二十年或二十一年了。可是能有一個世界性的統一規定，總比五花八門、各行其是的慶祝佛誕，來得莊嚴和恭敬些，所以日本佛教為了響應世佛會的決議，放棄了他們原來以陽曆四月八日為佛誕節的傳統，而採用了每年五月月圓日為佛誕日。這是值得稱道的。（這一段資料取材於一九五八年四月號《海潮音》隆根法師的大文）[3]（編案：依據世界教徒友誼會〔World Fellowship of Buddhists〕官方記錄，一九五〇年第一屆大會中，即已訂定統一的佛誕日）

至於我國的佛誕日，愚見以為，最好也能響應第三屆世佛友誼會的決定，採用每年五月月圓日為佛誕節，因為即使依照我國舊有的習慣，以陰曆四月八日為佛誕，那也未必就是正確的，因為那只是根據《大唐西域記》所記的推算而來，我們雖不能否定它的正確性，同樣地，也無能肯定它的正確性。那麼我們放棄舊有的習慣，走上各國統一的步調，又何嘗不可呢？我們看到西方的基督教，歷史愈久分裂愈甚，由舊教的分裂，而有西方教會和東方教會，又由西方教會的分裂，而有天主教與基督教，更由基督教的分裂，而有浸信會、長老會、聖公會、安息日會、真耶穌會……。佛教的發展，雖也有南、北傳與大、小乘之分，中國的大乘佛教又有各家宗派的門戶之別，但到近世以來，中國佛教的門戶觀念，已經不見了；南傳與北傳之間，由於文化的交流，打開門戶，擺脫界限的時日，似也即將來到。可見西方宗教愈演愈分裂，我們的佛教則愈久愈團結。那麼試問：我們對於佛誕的慶祝，難道就不能走上統一規定的團結之道嗎？

（一九五九年四月「今日佛教問題」座談會刊出）

1（一）佛滅紀年：《歷代三寶紀》卷一有細字夾考（《大正藏》四十九・二十三頁）。

（二）佛生日及成道日：《歷代三寶紀》卷十一（《大正藏》四十九・一〇一頁下）有考證。

2（一）至於釋尊生年，誠難考定。生於周昭之俗傳，不足為據。眾聖點記與費長房等說，距今僅二千五百年前後，覈之梵華之翻譯史，若童壽譯世親之《百論釋》與真諦譯《陳那論》等，亦難依遵。竊意佛生以來，當有二千五、六百年。（《太虛全書》三十八・五九八頁）

（二）印順法師以周安王十三年（西元前三八九年）為佛滅之年。（《印度之佛教》第一章）

（三）眾聖點記：梁武帝大同初，隱士趙伯休於廬山遇律師弘度，得「眾聖點記」。佛滅後優波離結集律藏，以其年七月十五日自恣竟，於律藏前便下一點，年年如是，以後師師相傳，至僧伽跋陀羅，將律藏至廣州，當齊永明七年庚午七月十五日自恣竟，即下一點，其年凡得九百七十五點，伯休因點記推至大同初凡一千二十年。

3（一）《長阿含經》卷四《遊行經》最後的偈頌說佛的出生、出家、成道、涅槃均為二月八日。

（二）西晉河內沙門白法祖譯《佛般泥洹經》卷下云：「經曰：佛以四月八日生、八日棄國、八日得道、八日滅度，以沸星時去家學道、以沸星時得道、以沸星時般泥洹。」

僧人的姓名源流

出家人究竟應該用什麼樣的姓名？本來這已不成為問題，但是近有一人出家之後，仍舊用其俗名俗姓，在佛刊上發表一些雜文，並且發布消息，廣告教界，所以引起很多人的疑問。

從本質上說，出家之後，仍用在俗時的姓名，雖然違反了傳統的常規，但也未必做到了「標新立異」，也許那位仍用在俗姓名的出家人，正想做一番復古的運動？

我們考諸佛典，佛世的諸大弟子，在俗時用什麼姓名，出家之後，仍用什麼姓名，佛陀收受弟子出家，絕不另外給予一個法名，所以舍利弗、目犍連、阿難陀、羅睺羅，都是用的俗名或俗姓，尤其是姓氏，往往是隨俗的，比如迦葉是姓，所以佛陀座下的弟子之中，就有很多叫作迦葉的，例如陀婆迦葉、跋陀迦葉、鬱鞞羅迦葉、摩訶迦葉等等，出家弟子中固有姓迦葉的，在家弟子中，更有姓迦葉的，此一迦葉之姓，且可溯源於釋迦佛之前在人間成佛的迦葉佛之族姓，可知迦葉佛的佛號，也是由其族姓而來。即使我們的本師釋迦牟尼佛，釋迦也是佛的族姓，所以出家人用俗姓俗名，並不算是新發明。

佛教到了中國，最初從西域來的僧人，我們往往皆以他們的國籍，做為他們的姓氏，天竺來的稱之為竺某某，比如竺法蘭、竺佛朔、竺叔蘭等人；月支國來的便稱為支某某，比如支婁迦讖與支謙等人；康居國來的便稱為康某某，比如康僧會等人；安息國來的便稱之為安某某，比如安世高與安玄等人；中國人最初出家為沙門者仍用俗姓，比如嚴佛調及朱士行等人。但亦多有承用師姓者，跟隨何人出家，便用何人的姓氏，比如于法蘭的弟子，有于法開與于道邃等人，竺道潛的弟子有竺法友、竺法蘊、竺法濟等人。有的出家人是由師承而來的姓，有的則為由於私淑敬慕而得的姓，所以中國早期的僧人，多用竺、支、康等的姓氏。

但在西域來的沙門之中，也有很多是用三寶——佛、法、僧為姓氏的[1]，比如佛馱跋陀羅、佛馱什、佛圖澄、佛圖羅剎、浮陀跋摩等人，均以佛字為姓（佛馱、佛圖、浮陀與佛陀的梵文是同一個單字）；曇摩羅剎、曇摩難提、曇摩耶舍、曇摩流支、曇摩蜜多、曇摩讖（亦稱曇無讖）、曇無竭等人，均以法字為姓（曇摩、曇無與達摩的梵文，也是同一個單字）；僧伽跋摩、僧伽跋澄、僧伽提婆、僧伽達多、僧伽婆羅等人，均以僧字為姓，因此在中國出家人中，用佛（覺）字、法字與僧字為姓名者，也就多了。

至於採用釋字為姓的出家人，在中國佛教史上，是以晉代為始，那是由於道安法師（西元三一二——三八五年）的提倡而來，他在以釋字為姓之前，也是以竺字為姓的，故在佛教史上，可以看到釋道安與竺道安的兩個姓名。道安法師倡導僧人以釋為姓的原因，是佛陀曾經說過這樣的話：「有四姓出家，無復本姓，但言沙門釋子，所以然者，生由我生，成由法成，其猶四大河，皆從阿耨達泉出。」（《增一阿含經》）[2]（編案：本段原文係引自《法苑珠林》卷二十二：「後《增一阿含》流傳此土，經敘佛告諸比丘，有四姓出家者……」，而非直接出自《增一阿含經》）

這在各部律中，也都說到。但是道安法師，不唯不曾見過大律，當其創始以釋為姓之際，《增一阿含經》尚未東來，嗣由僧伽提婆譯出之後，竟能與佛意懸合，所以從此之後，出家人用釋字為姓的，便漸漸地普遍了。

其實，這也是中國人的發明，因為佛時的弟子們，並未皆以釋迦為其姓氏，雖然由於印度宗教的複雜紛歧，並且每一宗教都有其出家的徒眾，印度通稱出家者為沙門。如要分別沙門的宗教信仰，便不得不以宗教的名目做為識別，比如尼乾子外道有沙門，婆羅門教也有沙門，所以在佛教中出家的，便以「釋子」做為區別，稱為「沙門釋子」，使人一聽，便可知道這是佛教的出家人。因此，「沙門釋子」，只是說明其身分的類別，並不含有姓氏的意義。

至於說「四姓出家，無復本姓」，四姓的姓，也只是說明種族的階級，而非姓氏的意思。印度的社會，將人分成四大階級——婆羅門、剎帝利、吠舍、首陀羅，階級與階級之間壁壘森嚴、高下懸殊。婆羅門種的人，永遠是高貴神聖的；首陀羅種的人，永遠是卑微下賤的，這在印度其他的宗教——特別是婆羅門教的觀念中，乃是牢不可破的，唯有在佛陀的心目中，一切都是平等，所以一旦信佛出家之後，不復再有四大階級的分限，大家都是釋迦的弟子。但此並不含有否定俗姓的意思，如以俗姓的數目而論，在印度境內，絕不止於四種姓氏，當亦可知。

那麼，準此而言，今日的出家人，不以釋字為姓，仍用俗姓俗名，也是對的囉？這也未必見得，因為凡是一種好的風尚，成為公認的習慣之後，若無更好的理由與絕對的必要，我們就不必破壞它，破壞了舊的並且是好的，而又不能創立新興的與更好的，我們是不必破壞的。中國的出家人以釋字為姓，雖非原始佛教的規範，但其能將出家弟子統為一姓，也正表達了僧眾和合的意義。

雖然在今日臺灣的戶政制度上，要想變更在俗姓名而為出家姓名，乃為戶政法規之所不許，但於出家之後，若非負有法律的責任，對於政府的管理及證券契約的簽署之外，在佛教之中，仍宜用其法名。否則，便會引起他人對其「身分不明」的懷疑。

說到這裡，我很希望中國佛教會能夠據理力爭，向內政部提請，准予出了家的人更改姓名，因在戶籍法的姓名條例之中，規定還俗的僧人要更改姓名，竟不許出了家的人更改在俗的姓名，豈非立法的欠妥？難道說，只許僧人還俗而不許俗人出家嗎？如在內政部辦不通，則當議請立法院提案通過，立法委員中有不少是佛弟子，但願能以護持僧寶的立場，爭取此一提案，完成立法手續，則幸甚矣。

我們再說法名之由來，這在原始佛典中，也是沒有根據的。佛陀成道之後，從最初於鹿野苑中度五比丘出家開始，直至臨將入滅時最後度須跋陀羅出家為止，未嘗為其出家的弟子取過一個法名。佛教來到中國，第一個有史可考的中國沙門是嚴佛調，佛調二字，也許正是他的法名；早期有史可考的另一個僧人是朱士行，士行二字，則不像是法名了。即使說佛教傳入中國之後，出家人皆有法名，連朱士行也在其中，但是以後的法派與字輩的建立，卻非中國佛教的最初面目，中國最初的出家人，雖然也有師承，但均沒有法派與字輩的排列，那是出於越祖分燈以後的禪宗祖師，為了門戶的建立，標顯徒眾的傳承，才有法派字輩的名目。其實，早期的禪門宗師，也沒有這種打招牌的名堂，比如百丈懷海是南嶽懷讓的再傳，以世俗的觀念說，他們是祖孫的關係，但他們二人，皆以懷字為名，其非法派與字輩的傳承，自亦可知。再有馬祖道一下傳天皇道悟，師徒兩人同用一個道字，當亦沒有法派與字輩可言。法派字輩的開始，可能是在禪門五宗的分張之後，故到相傳至今的曹洞宗與臨濟宗，依舊各有各的法派及字輩。其實禪宗的法脈，自清季乾、嘉以來，早已失卻光輝，所存者僅是派字而已！說起來，今日的出家人，絕對多數是禪門的子孫，試問能有幾人真正做著禪門的工夫，接通禪門的法脈了？

因此在今日來說，雖然沒有反對法派字輩的積極理由，但也不必把法派字輩看得如何認真。禪宗的派輩，是效法中國的宗族譜系而來，但在族譜之中，大房出小輩，么房出長上，這在佛教來說，乃是絕對錯誤的，佛弟子是以入佛先後分高低，受戒次第別尊卑，怎可用派字的排列論輩分呢？否則便是非法非制，非佛所教！

那麼，法名這一規矩，也可廢止了？這倒不必，佛教到了中國之後，僧人使用法名，由來已久，即在南傳的小乘佛教，他們的出家人，也都有其法名，以法名來表示已經進入了佛門，一切重新開始，故由法名的取得，也表明了一個新的人生——佛教的人生。所以，法派字輩的沿襲，乃是不緊要的，法名的使用，卻是一樁好事。不過，出家人收受徒眾，不一定要承繼各宗的字派而取法名，徒眾的法名，也不一定專用某一個字做為依準。

最後，我想附帶提出一點：向來出家人愛用僧字做為姓名，這是對的，但也是錯的。僧字是梵音僧伽的簡稱，僧伽的本義是眾，我們中國以三人為眾，佛教則以四人為眾，四個比丘以上的團體稱為僧團，四個比丘以上的會議稱為僧羯磨，一個比丘乃至三個比丘，皆不得稱為僧伽，只能稱作沙門或比丘（比丘尼），如以比丘（比丘尼）稱為僧人，那還說得過去——意指僧伽之中的人。所以在本文前面舉有幾位西域來的出家人，是以僧伽做為姓氏的，今日有人以僧為姓來代替以釋為姓，大體上是可以的。但是如以僧字為名，稱為某僧或某某僧，那就錯了，因為一個出家人是無法代表僧伽的，一個比丘自也不能成為僧伽。還有一些出家人，為了自我謙遜，在書信上往往自稱小僧，那簡直是汙穢了僧寶，你自己可以謙下，豈能代表所有的僧伽全體向人謙下呢？雖在超佛越祖的禪宗祖師，多有用「老僧」自稱的，但那不是佛制。

1 佛在入滅之時，對阿難規定了比丘之間的稱呼，並說：「又諸比丘欲立字者，當依三尊。」（《增一阿含經》卷三十七〈八難品〉第四十二之二第三經）

2 （一）《增一阿含經》卷三十七〈八難品〉第四十二之二第四經：「佛告阿須倫，……我法中有四種姓，於我法中作沙門，不錄前名更作餘字，猶如彼大海四大江河皆投于海而同一味更無餘名。」

（二）《增一阿含經》卷四十四〈十不善品〉第四十八第三經：在彌勒佛的時候「比丘姓號皆名慈氏弟子，如我今日諸聲聞皆稱釋迦弟子」。

佛教的道場名稱

一、寺的由來

目前建築而稱為寺者，一定是佛教的道場，但是寺之為名，並非來自印度的佛教。雖據北宋贊寧大師的《僧史略》卷上謂：「案靈裕法師寺誥，凡有十，名寺。」他列舉了佛教道場的十種名稱，但其除寺以外，其他九種，都是出自佛經的漢文音譯或義譯。梵語毘訶羅（vihāra）可譯為寺，但非中國的寺[1]。

考寺的原義，漢代劉熙《釋名》一書解釋：「寺，嗣也，治事者嗣續於其內也。」可見寺者，乃是官府治事的所在。因此《說文解字》便說：「廷也，有法度者也。」所以在《唐書》百官表中便有這樣的記載：「漢以太常、光祿勳、衛尉、太僕、廷尉、大鴻臚、宗正、司農、少府為九卿，後魏以來，卿名雖仍舊，而所蒞之局謂之寺，因名九寺。」為什麼要把九卿蒞的官署稱為九寺，這有它的來源，因為寺字在周代可通用為侍的意思，所以《周禮・天官》之中，有謂：「寺人，掌王之內人。」可知寺人，也就是相當於侍官了，因為寺有親近侍候君主的意思，故將九卿，也就列為九寺了。

那麼，佛教道場，怎麼也稱為寺了呢？這也有它的由來。據《清一統志》載：「漢明帝時，摩騰、竺法蘭初自西域以白馬馱經而來，舍於鴻臚寺，遂取寺為名，創置白馬寺，此僧寺之始也。」另有《羅壁志餘》的記載：「漢設鴻臚寺待四方賓客，永平中，佛法入中國，館摩騰法蘭於鴻臚寺。次年敕洛陽城西雍門外，立白馬寺，以鴻臚非久居之館，故別建處之，其仍以寺名者，以僧為西方之客，若待以賓禮也。此中國有僧寺之始。」

以此看來，中華民族雖重夷夏之辨，但對外來的佛教僧侶，仍以貴賓之禮接待，諒其固為重人，其實更是因為崇尚佛教文化的精神。其中尊重的程度，竟以九卿等列的寺舍為之別館，實是佛教的一大殊榮。但也因此，寺之為名，成了佛教道場的專稱。

唯於寺之稱號，曾在後魏太武帝始光元年（西元四二四年）建僧舍為招提（cāturdiśya），這倒是梵文的音譯，意思是四方僧人所居者；到了隋煬帝大業年間（西元六〇五—六一八年），又令所有的寺院改名為道場，至唐朝以後，才將佛教道場重稱為寺，直到現在，未有大的變更。

二、院的名目

在中國佛教的傳統，寺院二字往往是連貫稱呼的。寺是道場的總稱，院是寺內的部分，但是也有以院獨稱的例子。本來，凡是宮室而有牆垣所圍繞起來的，便稱為院，但在唐朝的時候，也有以院為府門官署者，例如：御史台所隸的台院、殿院、察院等。唐玄宗時設麗正書院，安置文學之士，此與翰林院，自有密切的連帶關係了，因其所居者皆為文學之士，後人因此也就以講學之舍，稱為書院了。

但是為何又變成佛教的道場了呢？佛陀初度五比丘的鹿苑，可能是其根據，但鹿苑亦作鹿園。一方面當然由於國人對佛教的尊敬，故以官府之名而名僧舍，又以佛寺乃在宣揚文化，故以院名；另一方面佛教道場在印度，原名為僧伽藍，意為眾園，故以園與院諧音而稱。同時園是有範圍的，院也是有範圍的。

三、僧伽藍

上面說過，僧伽藍的意思是眾園，它的本音應該是僧伽藍摩（saṃghārāma），乃指僧眾所處的園林。但此園林有好幾種涵義：第一，比丘多靠園林而住；第二，比丘和合同住的人數之多，正像園中的林木那樣的茂盛；第三，園中的林木，大材與小料，共同生長，僧團中的比丘，也是凡聖同居；第四，園為生植之所，比丘住在僧園之中，便能生出道芽聖果，並能以僧園為基礎，使所有的佛弟子，都能生出道芽聖果，因此僧伽藍中亦有五戒淨人居住。中國禪宗的禪林、叢林，便源於此。

四、什麼叫作精舍？

以目前的情形而言，凡以精舍為名的道場，總是規模較小的，似乎精舍之義，含有精簡或者具體而微的意思。其實不然，以佛教的解釋，精鍊勤修的行者所居之處，稱為精舍。精舍中的住眾，沒有一個是粗暴惡劣的，粗暴惡劣者的住所，也就不得稱為精舍。所以精舍並無大小之分。佛陀時代幾個聞名的道場，也都稱為精舍，比如：舍衛國的祇樹給孤獨園，摩揭陀國的迦蘭竹園與鷲嶺，毘耶離國的獼猴江與菴羅樹園，波羅奈斯國的鹿苑，鳩睒彌國的劬師羅園等，都是稱為精舍的，最早的該是竹園與祇園精舍了。可見精舍與僧伽藍，是可以並稱不悖的[2]。

但是考察精舍一詞的來源，並非印度的產物，只是以精舍來表達印度僧伽藍的另一種意義而已。

《後漢書・包咸傳》中，有這樣的記載：「因住東海，立精舍講授。」因此，精舍又是學舍的另一名稱，在漢代又以學舍名為精廬，但其精舍、精廬，都是精研學術的處所。中國佛教道場，以精舍為名的，是從晉代開始。《晉書》孝武帝紀：「帝初奉佛法，立精舍於殿內，引諸沙門以居之。」另以《學林新編》則說：「《晉書》孝武帝初奉佛法，立舍於殿門，引沙門居之，因此俗謂佛寺曰精舍。」考其原因，乃以沙門皆以翻譯經論為要務，故此凡為沙門所居之處，必能群賢畢集，儒士接踵，所以佛寺也就成了精研學術的處所了。

說到這裡，我們這些後世的僧徒是應該慚愧的。佛法初來之際，佛寺皆為中、印文化交流的中心，亦為社會教學的重心，試問今日中國的佛寺，究竟都在做些什麼？

五、如何稱為阿蘭若？

近代很少有中國比丘行頭陀法，阿蘭若的名稱，因此也不為大家所熟悉，即使有人知道，也多似是而非，以為住在深山窮谷裡、人跡不到之處的墓間樹下或洞中的比丘，才能稱為阿蘭若比丘。

其實阿蘭若（aranya）是閑靜處或寂靜處的意思，離開人間五百弓之外，便是阿蘭若處。五百弓等於多少？大約是牛鳴不聞的距離。凡是愛好閑靜的參禪習定者，都可以往阿蘭若處住，或是單獨一人，或是約同二、三同道比丘。或者住於樹下洞中，但也多半許有房屋，私人房屋的限度是「長佛十二磔手，內廣七磔手」，佛的一磔手，約為常人的三磔手。但是阿蘭若處，雖屬寂靜，並不意味著是深山窮谷。離人間太遠，不便乞食，入山區太深，有野獸的危險，都是戒律不許可的。

最要緊的，阿蘭若處的比丘，固然非常清苦，但並非凡是出家人，都夠資格去住的。《根本薩婆多部律攝》中說：「非愚癡人堪住蘭若，是故苾芻先學多聞，設非多聞，但明戒相，亦得住於蘭若之處。」《十誦律》中說阿蘭若比丘應誦解經律論，應知四禪四果，若未得者，應知讀誦。因為若非已有單獨自修的能力，單獨去住阿蘭若處，往往便會退道，或者遭魔。

由於女人的身心脆弱，所以比丘尼眾，佛陀不聽許她們受阿蘭若處法。

六、塔與廟的區別

《法華經．方便品》中說：「若人散亂心，入於塔廟中，一稱南無佛，皆已成佛道。」這好像是說塔與廟，都是佛教原始就有的道場了。其實不然，現在分別說明如下：

塔之為物，純為佛教的首創。佛教未入中國以前，連「塔」之一字，在漢文中也是沒有的，中國造塔[3]，有史可據的，最初是唐太宗貞觀三年（西元六二九年），在長安大慈恩寺所建的雁塔。

塔是梵語的譯音塔婆的略稱，塔的中譯名很多，例如：浮圖、兜婆、偷婆等，但此等均為窣堵波（Stūpa）的訛譯。另有稱為支提或制底（Caitya）者，也是塔的別名。

佛陀尚未入滅之時，最初是因弟子們想念佛陀，當佛陀要離開一個地方到另外一個地方去時，便將頭髮和指甲取下來，交給弟子們供養，弟子們便做了塔來貯藏供養。塔的大小是不限制的，有的比房舍還要高大，有的則可以捧在手上行動。後來有比丘亡故了，佛陀允許做塔供養，並且對於做塔的方式也有了規定，以其證果的高下，層級也就不同。但在佛經中的記載，已有一些出入，如《十二因緣經》與《涅槃經》的規定，是不相同的。

自佛陀入滅之後，由於舍利的分布，所有的佛塔也多是佛的舍利塔了。後來雖無佛的舍利，但有佛法，也為之建塔，這是因為建築佛塔，可以供養法寶經卷，也可供人參拜讀誦，漸漸地佛塔所在之處，也就成了佛教的修習道場。但是我們應知道，《十二因緣經》中說，只有八種人死後，可以為之起塔供養，那便是如來、菩薩、緣覺、羅漢、阿那含、斯陀含、須陀洹、輪王[4]。依《摩訶僧祇律》稱：凡僧亦應起塔，謂持律法師，營事比丘，德望比丘，但其因非聖人，他們的塔就不許有露盤了。至於近世，以俗人的骨灰納於塔中供奉的時尚，是沒有根據的。

在此我們可以指出，《法華經》所稱的塔廟，實即塔婆的另一種翻譯，是指的一樣東西，不可將塔廟二字分開來解。塔廟的廟字，不能當作單獨的廟字解釋。事實上，如今確有許多佛教的道場稱為廟，但是廟卻不是佛教的產物。廟的意思，《說文解字》的解釋：「尊先祖貌也。」也就是說，尊敬祖先的狀貌。所以古代王家祀祖的宮室，稱為宗廟，後世的士大夫階級，也都仿效王室而立家廟以祀祖先。

佛教未來中國之前，早就有了廟的名稱，同時凡為廟者，也不一定便是祀祖之所，《爾雅》釋宮稱：「室有東、西廂曰廟。」因為祀祖之所多用東、西廂之宮室，後來唯有宗廟傳世不廢，所以凡提起廟字，便連帶到宗廟的觀念了。

另據《史記·封禪書》的記載：「趙人新垣平以望氣見上，言長安東北有神氣，成五采，……於是作渭陽五帝廟。」可見廟之為物，不但可以祀祖，也可用來奉神了。

佛教道場之稱為廟者，史無可考，也許最初有少數比丘接受信施的恭請，去住王家的宮室，恰巧是有東、西廂的建築，後來比丘所居者，也就稱為廟了；或者比丘受請，住在王室的宗廟之中及士大夫的家廟之內，或者便是住到外道的神廟去了；慢慢地又把那些宗廟、家廟、神廟改成佛教的道場，以致沿用廟的名稱，迄至於今吧！但是佛教道場而稱為廟者，總是不夠十分理想的事。

七、剎、宇、菴、堂怎麼講？

剎、宇、菴、堂四個字，常在大家的嘴邊說、耳邊聽，但是真正明白其中意義及來源的人，則又並不太多。然而普通人不懂沒有關係，佛教徒不懂就有些說不過去了。如今且把它們分別介紹如下：

（一）常常有人問起出家人：「請問寶剎在哪裡？」這很容易理會，這是問你的道場、你的寺院在哪裡。那麼，寶剎的意思，便是寺院的別名了？其實不然，寶剎並不即是寺院。在佛典之中，剎（Kṣetra）是土地的意思，世界由土地而成，剎又可以當世界解釋，所謂「百千剎土」，亦即百千世界的意思，又謂「塵塵剎剎」，便是微塵之數的無量世界，因此，所謂寶剎者，即是眾寶所成的國土或世界了，唯有諸佛的國土世界，才是眾寶所成的，所以寶剎一詞，亦即諸佛國土的尊稱了。故在《莊嚴經》中，有「遍覆如來寶剎中」之句。

另外，寶剎也是寶塔的異名，依照《根本說一切有部毘奈耶雜事》中的造塔規定，凡為如來造塔，必須要在塔中安置寶瓶，所以稱為寶塔。同時，凡是造塔，多為供養三寶、安置三寶而設，故也稱為寶塔。寶塔而稱為寶剎者，最初見於史冊記載的，是《南史．虞愿傳》：「帝以故宅起湘宮寺，費極奢侈，以孝武莊嚴剎七層，帝（宋明帝）欲起十層，不可，立分為兩剎，各五層。」

這可能又是塔——窣堵波的另一訛傳了。至於以僧舍而稱為剎的，乃有《宋史．危積傳》的記載：「漳俗視不葬親為常，往往棲寄僧剎。」同時，佛弟子亦有以梵剎來稱僧舍的，為什麼要以剎來做為佛教道場的名稱？不外是對佛教道場的一種尊敬，視每一僧舍即為一個佛國淨土。因為住在僧舍中的人，將來必定成佛，僧舍中的清淨莊嚴，亦如佛國淨土。

（二）宇的意思，是四方上下，也就是一種世界觀。但是俗稱「廟宇」者，是指寺院，又稱「梵宇」者，更是顯明指出佛教的清淨寺院了，但以四方上下而稱寺院者，究竟怎麼講呢？

原來，宇字也可當作房屋。《易經．繫辭》有「上棟下宇」之句，是說屋上為棟，屋下為宇，宇者屋的邊緣也。《說文解字》釋為：「宇，屋邊也。」劉熙的《釋名》，解釋宇字是這樣的：「宇，羽也，如鳥羽翼自覆蔽也。」可見，宇者又可當作屋蓋、屋簷或飛簷解釋了。但是，如稱「宇內」者，一定是指天下，而不是屋簷內。因此，以僧舍而稱為宇者，有兩種原因：第一，佛法之大，無所不包，佛法之妙，無微不藏，佛法之奧，奧在大小無礙，廣狹兼容，所謂「須彌納芥子，芥子納須彌」，因此凡有僧舍之處，即有佛法存在，僧舍雖小，佛法無邊，故以四方上下，而來名稱僧舍了。第二，中國佛教寺院的建築，多效宮殿規模，所以畫棟飛簷，也是佛教寺院一大特色，故以清淨的畫棟飛簷——梵宇來區別王家五欲享受的畫棟飛簷。

（三）菴本來是一種草的名字，原名菴閭，形似蒿葉，菴閭老了以後，可以用來蓋屋。以僧舍稱菴，佛典中無考。但有一個根據：四分比丘戒單墮法第二十條，有謂比丘做大房舍，指授覆菴，齊二、三節。也就是說比丘起大房舍，教人以草蓋屋，不得超過二到三層。所謂菴者，便是以草蓋屋的意思。中國古人蓋小房子多用草覆，並以菴閭為主，故稱草寮為菴，中國比丘在山野靜居，也以草寮棲止，這與所稱的「茅棚」有密切的關係，漸漸習以為常，便將小型的僧舍，稱之為菴了。又因有的小型僧舍並不用草覆蓋，而是用磚瓦，於是，菴字又變成了庵字。

在佛典中，以菴為道場的，只有一個菴羅樹園，但菴羅（Āmrapālī）不是草名，而是一個女人的名字，她獻出了一座園林，供養佛陀。《維摩經·佛國品》說：「佛在毘耶離菴羅樹園，與大比丘眾，八千人俱。」此一菴羅樹園，雖是佛時道場，但與中國所稱的菴，並無瓜葛。

（四）堂者，廟堂、公堂、明堂，都是中國王臣所居或官署之處。但據《說文解字》稱：「殿也，正寢曰堂。」（編案：原文出自《康熙字典》的引述，但《說文解字》並無此句）那麼，凡是正殿，便可稱之為堂。事實上官署辦公，主管所在，總是以正殿為準（這與現代的機關，沒有殿堂，只有廳室，是不同的）。唯有一個原則，古代所稱的堂，只是一片建築物的中心或重心，不會有單獨存在的堂，這與現代的教堂，有所不同。

佛教之有佛堂，也是僧園之中的一個建築，不是單獨存在的。叢林中以接待客比丘處為客堂，禪修之處為禪堂，吃飯之處為齋堂，但是供奉釋尊及諸菩薩聖像之處不名為堂，而名為殿。殿的位置要比堂的位置為高，這是根據中國王室的觀念而來，因為王者臨朝之處乃是金鑾寶殿，臣屬斷事之所稱為公堂。

佛堂的來源，佛典中可以找到好多，比如《四分律》中有幾處提到，佛在曠野城的講堂，以及毘舍離獼猴江邊的樓閣講堂。據《維摩經》中說，維摩居士曾以他的神力，將菴羅樹園變成一座大講堂。還有《梵網經．盧舍那佛說菩薩心地戒品》中，千百億化身的釋迦佛，現身十處說法，第一處便是金剛座及妙光堂（亦名普光明殿）。然而，丁福保的《佛學大辭典》，對於「佛堂」

的解釋是這樣的：「佛堂，安置佛之殿堂也。梵名設怛縛矩里然。直指稱佛者非，宜呼為香堂。《毘奈耶雜事》二十六曰：『西方名佛所住堂為健陀俱知，健陀是香，俱知是室，此是香室、香台、香殿之義。不可親觸尊顏，故但喚其所住之處，即如此方玉階陛下之類。然名為佛堂、佛殿者，斯乃不順西方之意也。』」以此可見，佛陀在世之時，講堂早就有了，講堂是供佛陀說法，尤其是說戒時用的（說戒不許外眾偷聽，故以室內為宜）。講堂之中供養佛塔，是次要的事，唯有佛堂，才是安置佛的所在。可是依照《根本說一切有部毘奈耶雜事》而言，佛的處所，只能稱為香室、香堂或香殿，卻又不直呼之為佛堂。因此，這也說明了室、堂、殿三者，在印度並不嚴格區別它們的高下等第。

（一九六二年二月五日於朝元寺，刊於《香港佛教》二十三期）

1《增一阿含經》常有「神寺」的記載，比如卷二十八〈聽法品〉第三十六第五經，卷三十五〈莫畏品〉第四十一第四經，卷三十二〈力品〉第三十八之二第十一經等，唯其均為帶有紀念性的建築物，在卷三十五〈莫畏品〉第四十一第五經有：「聖眾已滅少，如來神寺復當毀壞，如來神寺已毀壞故，經法復當凋落。」卷三十九亦有阿闍世王願造神寺的記載，參考《增一阿含經》所用「神寺」之處，有係他經用「塔婆」之處。然在《增一阿含經》卷四十九〈非常品〉第五十一第三經，又將供辟支佛舍利處稱為偷婆（同塔婆）。可見其在印度，也非無本。

2 外道也有精舍（《雜阿含經》卷二十七第七一三、七四三經）。

3《佛祖統紀》卷三十四述曰：「摩騰謂漢明帝曰：阿育王塔震旦有十九處。大士告劉薩訶：洛陽、建鄴、鄮陰、臨淄、成都五處有阿育王塔，今十九處不可備知。而考之五處，獨鄮陰（玉幾）之塔，顯示世間，可獲瞻禮。」

4《增一阿含經》卷四十九〈非常品〉第五十一第三經，有四種人的舍利應起偷婆供養，那就是轉輪聖王、阿羅漢、辟支佛、如來。

今後佛教的女眾問題

一、重男輕女的問題

從佛教史上看，似乎佛教是輕女重男的宗教，自從佛滅之後，比丘尼中，未曾出過一位大思想家。但是，這個癥結並不全在女眾本身，乃在於受了上座部小乘佛教的鉗制，尤其是迦葉尊者所領導傳承下來的佛教學系，重男輕女的色彩比較強烈，這就是因為頭陀行的迦葉尊者厭離女性而形成。以致把女眾之中的人才，高壓得抬不起頭來，並且流沿迄今，女眾也總是甘心雌伏而不敢有所創建。

其實，佛陀當世，乃是主張男女平等的。當然，女性的本質，偏近於優柔寡斷，依賴羞澀，這也是事實。從生理到心理，她們有著許多男人所沒有的先天缺陷，所以任便佛陀倡導男女平等，女眾的人才，在比例上，仍不及男眾。比如《增一阿含經》卷三所列的四眾大弟子，各個皆有一門第一的特長，比丘一百位，比丘尼五十位，清信士四十位，清信女三十位。又在阿含部的《佛說阿羅漢具德經》中，聲聞比丘九十九位，大聲聞比丘十位，大比丘尼十五位，大信士二十三位，大信女十七位，都是女的少於男的。

但是，不論在阿含部也好，律部也好，記載佛世女眾的活動，可謂不一而足。她們除了由於生理方面的缺陷，在戒律上給她們基於保護而制的規定，不同於比丘之外，說法、行化、度眾、修證，根本和男眾一樣。當然，由於印度的原有風俗觀念，也使女眾在心理上感到有些不如男眾的地方。但是，佛陀極力保障女權的平等，乃是無可懷疑的。聖比丘尼之中，比如：大愛道、蓮華色、妙賢、法與等，都是傑出的人才；聖優婆夷中，比如：鹿子母、末利夫人、修摩提女等，也都是對於佛教教團極有貢獻的人才。當然，女人有「五障」的遺教，使得女眾姊妹們自慚形穢。特別以為女人之身是不潔的中國古老迷信，也使得女人不敢拋頭露面。

所謂女人的五障，便是不能以女人之身做轉輪王、做帝釋、做梵王、做魔王、做佛。（《增一阿含經》卷三十八〈馬血天子問八政品〉第四十三第二經）在《法華經》卷四〈提婆達多品〉，也有如此的記載，可是，《法華經》的目的，倒是否定了呆板的女人五障說的觀念，因為年始八歲的龍女，事實上是在「忽然之間，變成男子，具菩薩行，即往南方無垢世界，坐寶蓮華成等正覺」去了。這是告訴我們，不要看不起女人，只要她的福智資糧夠了的時候，成起佛來，與男子漢同樣快速。

另有大乘經中說到偉大的佛教女性之處，也是很多：「如《寶積經》中的勝鬘會、妙慧童女會、恆河上優婆夷會等；《大集經》中的〈寶女品〉；《華嚴經》中善財童子所參訪的善知識中，有休捨優婆夷、慈行童女、師子嚬申比丘尼等；《法華經》的龍女；《維摩經》的天女等。大乘佛教中的女性，是從來與男眾平等的。」（印順法師的《勝鬘夫人師子吼經講記》）

小乘阿含部及律部中雖可見到一些批評女人的文字，比如說女人是：「臭處不淨行，瞋恚好妄語，嫉妒心不正，如來之所說。」（《增一阿含經》卷二十七第十經）又說：「夫為女人，有九惡法。」（《增一阿含經》卷四十一第一經）但是我們應當明白，這是教誡比丘的話，同時也確是女人犯的通病，是藉此希望比丘們對女人生起不可樂、不可愛想，以期不對女人生起染心而破淨戒，這種教誡的性質，跟「不淨觀」的作用一樣，並非輕賤女人的意思。如果硬要歪曲它的宗旨，而說是輕賤女人，那是很不當的。

在大乘經中，不唯男女平等，往往還有現了女身的大菩薩捉弄聲聞的比丘羅漢，比如《維摩經》的天女，就捉弄了舍利弗尊者，並且以此而顯出了大乘精神的偉大處。站在佛的立足點上看，根本是平等平等，男女差別的執著，不過是出於凡夫的愚妄之見而已，何必把它看得如此地嚴重。大菩薩為了化度有緣，往往隨類應化，觀世音菩薩的三十三身之中，即有比丘尼身、優婆夷身，以及長者、居士、宰官、婆羅門家的婦女身、童女身等。我們怎可輕賤女人？

二、八敬法的問題

當然，比丘尼的永遠抬不起頭來，還有一個重大的約束，那就是比丘尼的八敬法。我曾說過：「在此八法之中，即使最最知律持律的比丘尼，在中國佛教的環境內，充其量，只能做到前面的一、二、三條，其餘的就沒法實踐了。」第四條「比丘尼在二部僧中受戒的法統，早就失傳了，……至於第五、第六、第七、第八的四條，因為中國佛教殊少實行羯磨法，也殊少遵制安居，故也無從做到了。」（《律制生活》第十四篇〈比丘尼與八敬法〉）

因為我對未來的中國佛教抱有很大的願心，所以對於女眾的力量也特別關切，並寄於殷重的期望。但是一想到八敬法，就使我感到困惑，因為八敬法的規定，使尼眾失去了獨立性，變成了男眾的附屬品，比如受戒、出僧殘罪、安居畢求做見、聞、疑罪的三自恣，均要向比丘僧中做，把女眾的一切行事作法，全部納之於男眾的安排之下。這從佛陀本不許女人出家的觀點上看，是有理由的，若從佛法的根本精神上看，似乎是不太相符的，因為那等於是否定了女人的獨立人格，如果這是佛世早就盛行的規制，佛世的尼僧之中，就不可能產生那麼多偉大的聖比丘尼了。正像小乘佛教以後的女眾一樣，儘管佛滅之後，有著許多的偉大的比丘羅漢及比丘菩薩，但是偉大的比丘尼就太少了，尤其是在佛教思想的開發工作上，尼眾的功績更是出奇地少！

迦葉尊者之後的上座部佛教，確是呆板而不活潑的，所以學者以為印度大乘佛教的振興，乃是佛世精神的復活，所以大乘經中對於女人的地位，跟男人是平等一般的。雖然在倫理上——在佛法住世的形態上，男女七眾，必須各有分際，並且應以比丘僧為中心，但從八敬法的限制而言，總覺得有點勉強。

恨我自己的智慧不夠，對整個佛法的探究也尚說不上「深入」二字。今日中國的佛教界中，真能深入佛法核心的，並且真能從佛法的根本精神及歷史線索上做考察分析的人，印順長老算是一人。所以我將我對八敬法的困惑感觸，寫信請教印老，非常欣喜地，他老人家的看法竟與我的想法相近，而且他的看法比我明朗深切得多，他的回信中說：

座下為今後建僧計，提及八敬法，印以為不必過分重視。從好處說，八敬法為對女眾之嚴加管教，從壞處說，反使真心為道之女眾，自慚形穢而雌伏。

佛世多有善說法要，神通之女眾，佛後殆不聞於印度，得非此耶？……考釋尊律制，因事而制，從不預擬規章，而八敬法則與此原則相悖。依經律說：初由佛自教誡尼，後乃令僧差次教誡，乃有半月請僧教授之制。有比丘尼出家生子，乃有二年學法女之制。試思當女眾將出家時，釋尊如何能預定半月求教授，及二年學法女於比丘僧中受戒之制耶？……此等事，印固欲深論，為日後計，當重視平等性。（一九六五年三月二十二日覆聖嚴的信）

可見，八敬法的成立或出現，似乎是在佛滅之後的事了。因為這與佛法的精神相背，也與佛陀制戒的原則相背，我們在阿含部及律部之中看到，佛陀制戒是因事而制，乃至說法也是因了時機而說，遇到什麼樣的事、見到什麼樣的人，就給他們說什麼樣的法，何況《五分律》卷一也明白地告訴我們：「諸佛如來，不以未有漏法而為弟子結戒。」釋尊怎麼偏偏又給比丘尼們一上來就規定了一個八敬法呢？從戒律性質的要求上說，八敬法乃是比丘尼在具足戒之上的特別戒，因為傳說大愛道及五百釋女出家時，就是由於八敬法而得戒的。

當然，我的意思並不是主張廢除八敬法，它雖使我困惑並覺得它的來歷有些問題，但我只能存疑而不敢確信它是出於後來上座長老們的編造，因為八敬法在原始經律中，都有記載，雖其內容不盡相同，它的出現之早，當可想見。如今的我們，既然無法要求比丘尼們全部實踐它，那又何必再去強調它呢？所以我現在主張保留它而不必強調它，否則，對於今後女眾才能的展望，將是一大障礙。

不過，我的意思更不是否定了男女的界限，打破了男女的位次，因為男女的次第，乃是人間的習慣法，也是倫理法，何況尼眾請上座比丘做半月一教誡的規定，乃是絕對可靠的佛制，女眾在許多方面，也確必須接受男眾的扶助，如果以為八敬法不用重視了，比丘尼就可以狂妄得坐到比丘的頭上去了，那就不成體統了！

所以，比丘尼應禮敬比丘，正像沙彌應禮敬比丘尼一樣，也像在家眾應禮敬出家眾一樣。

至於八敬法第一條「不罵、不謗」比丘，那是應該守的，事實上，比丘也是不得「罵、謗」比丘尼的，否則便犯波逸提罪或僧殘罪了。至於「比丘尼不得舉比丘過，比丘得舉比丘尼過」，那是所學律典範圍的不同之故，比丘如果不通二部大律，他也照樣不夠資格舉比丘尼的過失。

八敬法的問題解決了，我們就該研究女眾姊妹的態度問題了。

一般而言，女性的意志力普遍地較男性薄弱，往往不能拿定自己的主張，弄成半途而廢，我也看到好幾位頗有希望的比丘尼，結果並沒有成就。

三、對女眾的希望

女性的忍耐性是夠的，但在意志力的磨鍊上，卻是不夠剛毅。女性的自卑感是與生俱來的，但她們的優越感也比較男性更容易滿足。因此，世上的男女數字是幾乎相等，成功的偉大女性，比較起來，總是太少了！縱然在今日的西方，高唱男女平等，提高女權，叫喊女人走出廚房的口號，可是女人的成就，仍然不多。

不過出家的尼眾，要比在家的女人多一個優點，在家婦女的黃金歲月，差不多是花在生兒育女的工夫上，出家尼眾，既無兒女之累，復無家事之煩，應該是能夠用出功來的。

因此，當我展望到未來佛教的時候，就想到了尼眾的潛力。希望將來的中國比丘尼眾，至少能夠組成屬於尼眾自己的僧團。

（《覺世》二九三期）

附記：比丘尼出家，一般說是由於阿難尊者的請求，佛陀始以八敬法使比丘尼得戒。但是這有年代上的問題。據《大智度論》卷三，說阿難生於佛成道日；《中阿含經》卷八、《侍者經》及《長阿含經》卷三則都說阿難侍佛一共二十五年，《根本說一切有部毘奈耶雜事》卷三十七也說阿難隨佛二十餘年。可知阿難為佛當侍者，已在釋尊成道後二十至二十多年，因為佛成道後，說法的時間是四十五至四十九年。可是佛陀座下之有尼眾出家，據《五分律》及《佛本行集經》說，佛父逝於佛成道後第四年，佛陀回祖國而有諸釋子出家從佛，大愛道亦因而求佛出家，當時雖未獲得佛的認可，但也不致於再等二十年或十六年之後，才由阿難代求而獲准出家。又在《根本說一切有部毘奈耶雜事》卷二十九、《大智度論》卷十一說，佛陀於去忉利天為母說法之後還來人間之時，蓮華色比丘尼欲先見佛而化作輪王的記載，據說此事發生於佛成道後第七年，可見此時即已有了比丘尼僧，由此證明尼眾出家，似又與阿難尊者無關了。不過，佛典的記載，往往疏忽年代的考察性，因為印度民族的歷史觀念極淡，現存的佛典又多是先由口傳而後記錄成文。所以我們僅可供作參考，不能取作確證。阿難及八敬法與尼眾出家的關係，縱不能確信為事實，其間也必有其背景存在，憑空捏造的事，佛典中是不會有的。

化緣怎麼講？

化緣一詞，本極莊嚴，比如釋迦世尊，是為一大事因緣而出現於世，此一因緣，即為化緣，即為化度眾生的因緣。教化眾生度過生死大海，便是化緣。如來入滅之時，還說「應可度者，若天上人間，皆悉已度；其未度者，皆亦已作得度因緣」。也就是說：佛為化緣而來世間成佛，佛雖入滅，化緣未絕。此一尚未完滿的化緣，有待後世的佛子來繼續完成。

佛因化緣而現，佛子亦皆有其化緣，故在《根本說一切有部毘奈耶雜事》卷五中，有如此的記載：「時舍利子，為『化緣』故，便往婆羅門家，頻頻到彼。夫婦皆來，請受三歸五戒。」後來並將他們的兒子，捨給舍利子出家為侍者。又於《根本說一切有部毘奈耶》卷四十三中，亦有如此的記載：「鄔陀夷觀知彼婦，『化緣』時至。持衣鉢，到彼家……因為說法，便獲初果。」

以此可知，所謂化緣，乃指化度的因緣。因緣這樣東西，非常微妙，如果往昔生中，未曾結過佛法的緣，即使遇到佛陀，佛陀也無可奈何，佛陀是大覺智人，但亦無法化度一個無緣的人。所以在佛陀時代，有很多不受佛度的人，竟在佛的弟子面前接受了化度。因此，佛及佛的諸大弟子，每見一個可度的人，往往總在事先以神通觀察，先看他的化緣屬誰，便由誰去化度。

現在，每一談起化緣，總會聯想到募捐上去。出家人化緣募款，往往是為起廟。這一觀念，本來也與教化因緣是一樣的。在佛陀時代，除了佛陀，其餘的大弟子們，為了僧團的四事——衣、食、臥具、醫藥，也曾向在家人去勸募，有時為了住的問題，也會勸募。但他們很少向老信徒動腦筋，他們是向未曾信佛的人施於方便的教化，當其接受了教化，皈依了三寶，甚至證得了聖果之後，自然會來大力施捨，所以在佛時的許多精舍，多數是由一人獨捐的。

這在中國，大陸上的許多大寺院，由一人獨捐而建者，也不乏其例。故在大陸上也有一種極其良好的古風：有些出家人，為了要在某地興建或重建一座寺院，使向當地的首富著手，即使是不信佛教，也要設法來感動他，教化他；

往往是用苦行感動，比如風雪之夜，赤足踏雪，敲著木魚，唱著佛號，終夜不息。有的連續數年，才能使之受化，一旦受化之後，那就成為虔誠的大力護法。如此的化緣，始可稱為真正的化緣。

建寺做什麼？

佛陀創教，不主張以苦行來求解脫之道，一味的苦行，終亦無從求得解脫之道。但是，佛陀鼓勵弟子們的頭陀行，並亦讚歎弟子們的頭陀行。其實，佛陀是既不主張苦行，更不主張生活得富裕的。所以佛陀成道後的最初數年，沒有住處，在何處坐下說法，何處便是道場，乃至連茅棚都沒有。印度的氣候，印度的熱帶樹林，使人能在樹下居住而不以為苦，故在弟子們求度出家時，比丘有四依止：1.糞掃衣，2.常乞食，3.樹下住，4.陳棄藥。人不能離了衣、食、住、藥而活命，但以最低的要求來達到活命的目的，所以規定依此四事，稱為四聖種。比丘尼的形體太弱，所以不許樹下住，而只有三依止。

由樹下住的規定，可以見出佛教生活的基本精神。然而到後來，僧團中的人數多了，分子也複雜了，尤其是釋迦族的許多貴族子弟出了家，就有些人過不慣經常在樹下露宿的生活。第一所房子是闡陀比丘造的，但被佛陀命令阿難尊者搗毀。可是終究未能堅持下去，因為有人病了，所以佛陀准許比丘可以造房。有的自己做，有的則由信施做。不過有規定，那就是長不過佛的十磔手，廣不過佛的七磔手（佛的每磔手約為二尺）。並且還要求得僧團的審查通過。

至於規模宏大的寺院，是從竹林精舍及祇園精舍開始，此後的大寺院，也就陸續地建起來了，舍利弗、目犍連、大迦葉，都是有名的督建大寺院的營事比丘。

於是，也有造寺的建築規定了，例如《根本說一切有部毘奈耶雜事》卷十中說：「如佛所說，造苾芻寺，僧房應作五層，佛殿應作七層，門樓七層；若造尼寺，房應三層，佛殿五層，門樓五層。」

不但建築大寺院，並且許可在寺中的壁上作畫。《根本說一切有部毘奈耶雜事》卷十七中說：佛許給孤獨長者於寺中壁上畫。並示「於門兩頰應作執杖藥叉，次傍一面作大神通變，又於一面畫作五趣生死之輪，簷下畫作本生事，佛殿門傍畫持鬘藥叉，於講堂處畫老宿苾芻宣揚法要，於食堂處畫持餅藥叉，於庫門傍畫執寶藥叉，安水堂處畫龍持水瓶著妙瓔珞，浴室火堂依《天使經》法式畫之，並畫少多地獄變，於瞻病堂畫如來像躬自看病，大小行處畫作死屍形容可畏，若於房內，應畫白骨髑髏。」這是寺院有壁畫的最初記載。

因此，在比丘的四依止中，樹下住的規定，又有開緣了：比丘應在樹下住，若有莊嚴宏偉的寺院可住者，也可受住，不算違犯。

有了建寺的風氣之後，又為僧團中帶來了一項糾紛：僧制是以戒臘的先後而序長幼的，一些戒長而又不願營建寺舍的比丘，便找機會，見到戒小的比丘建好寺舍，便去占居，弄得一些下座比丘辛苦不堪，而竟無寺可住。於是佛陀制定，營事比丘有住寺的優先權。在《五分律》卷二十五中有這樣的記載：「佛言：應量其功夫多少，極多聽至十二年住。應白二羯磨與之，……若治房功夫，極少三分之一，聽從僧求隨意住。」也就是說：對於營建寺舍的負責比丘，寺院建成後，仍不屬己，仍須向僧團中求索，大眾通過後，最多不得優先住過十二年。

這與中國比丘負責建寺之後，即以開山祖師自居，且有權終身支配乃至左右以至後代者，便不能同日而語了。佛制僧產公有，中國卻多變質了。至於一般俗人建寺而後成為董事長或管理人者，更是佛法之所不容的事。建寺的目的，不外兩種：第一，是安眾修持，第二，是為弘法度眾。

所以，寺院的是否壯麗雄偉，可以說明此一地區精神生活的高下。大家重視宗教精神的道德生活，宗教的寺院必定建築得富麗堂皇，否則便可說明那是一個道德墮落的社會。所以有一位西洋的旅行家曾說：「看一個國家是否有前途，但看其兩項建築物即可，一是教堂或寺院，一是議會。由教堂與寺院的建築物，看其精神生活，由議會的建築物，看其民主政治。」這一點，在我們中國現代與過去頗有不同，過去的中國大陸，寺院之多而且大，名山之偉而且盛，是眾所周知的事實；但以議會來說，因為民主政治未上軌道，故還談不上，因此有一輩魯莽激進之士，倡議將寺院改為政府的辦公所（今日的大陸，已是如此了）。唯以目前的臺灣來說，情形適巧相反，臺灣的議會大廈，已在日漸壯觀之中，這又是眾所周知的事實。至於寺院，雖有很多人在募款建築，但皆小家子氣，故有人說，大陸最小的寺院，也比臺灣最大的寺院大。這雖不是絕對的事實，但也並未誇張了多少，原因是沒有人才。古來高僧避處山林，一雖不廣事募化，仍能感得龍天擁護，信施源源不絕而來。由於道風的感召，一天天地人眾多了起來，人多了必須加建房舍，於是寺院的規模也就日漸宏大起來。只要發心成就人眾，便自然有飯吃，自然有房舍居住。故於高僧駐錫之地，每每皆是從荒山平地中興起偉大的建築物來，他們雖然人眾事多，仍有修持學習的機會。所以愈化愈多，也愈化愈大。

在今日，發心建寺者，未必皆為安眾與化眾著想，特別是一些出家不到一年半載，不知佛法為何物的人，他們募化建寺，只憑一股熱心而已。

當然，佛教的寺院能夠日益多起來，總是好的，最低限度，寺裡供的有佛菩薩聖像，能讓人家禮拜生信，總是好的。不過，寺院的建築，總也不能與其本來而應有的作用完全脫節。如果寺院建好之後，既不安眾修持，也不化眾弘法，那就無異是多餘的浪費了。可嘆地，現在的建寺者，多半是為安他自己而非安眾，住眾而使之修持或指導修持者，那就更加少了。至於弘法度眾，除了以經懺應赴，也多無法可弘。

因此在今日談建寺，建寺者的精神是可佩的，在其目標或宗旨上，則應該更提高一層。也就是說：除了安己也要安眾，除了自修也要化眾。

「大師」考名

蕭惠元居士對於三寶極其虔敬，所以當他讀到張廷榮居士在《菩提樹》雜誌發表的文字中，將楊仁山及歐陽漸居士稱為「大師」，感到非常地不滿，故在《覺世》二六一期上寫了一篇〈向張廷榮居士進一言〉。同時又引起了其他多人的反應，這是很好的現象。不過，「大師」一詞，究係何指，我想趁此機會，做一點正名的工作。

本來，大師一詞，並非佛教所專用，例如《周禮．春官》中就有這樣的記載：「大師下大夫二人，小師上士四人。」這是一種樂官的職稱，後來演變為「太師」，太師是樂官的指揮者。

到了漢朝，大師一詞又變成了對於學者的尊稱，例如《漢書．伏生傳》

中，就有這樣的一句：「山東大師亡不涉《尚書》以教。」

在印度，大師一詞是對一切學派或教派的領袖的尊稱。各派的徒眾，對於各自的領袖，通常都以大師稱呼。例如《根本說一切有部苾芻尼毘奈耶》卷二，裸體外道的徒眾稱他們的教主為「大師晡剌拏」。《長阿含經》卷十五，究羅檀頭婆羅門，亦被五百婆羅門弟子，呼為大師。《長阿含經》卷十六，沸伽羅娑羅婆羅門及多梨車婆羅門，亦各被他們的弟子稱為大師。《增一阿含經》卷三十〈六重品〉第十經，尼健子外道的五百弟子，也稱他們的領袖為大師。

因此，在佛教而言，當時的印度，只有佛陀一人可以稱為大師，其餘的僧俗弟子，均不夠被稱作大師的資格。例如《大堅固婆羅門緣起經》中，帝釋天主憍尸迦，口口聲聲都稱：「如來大師出現世間。」外道婆羅門，對釋迦世尊，也是看作佛教的大師，例如《根本說一切有部毘奈耶》卷二十八，記載佛弟子將佛像供在上首，一天忽然下雨，大眾忙著躲雨，竟忘了把佛像請走，於是給婆羅門居士譏笑了一句：「仁等何故棄擲大師？」

根據佛教的原始看法，唯有眾師之師，才可稱為大師。在佛教，那只有佛陀一人可稱大師。並且，依照《佛阿毘曇經出家相品》的記載，凡是在稱謂之上冠一「大」字的，也都是指的佛陀，比如：大醫王、大商主、大沙門、大勇猛、大斂攝、大威德、大將導、大雄、大力、大神、大法聚等。在《瑜伽師地論》中也說：「能善教誡聲聞弟子，一切應作不應作事，故名大師；又為化導無量眾生，令苦寂滅，故名大師；又為摧滅邪穢外道，出現世間，故名大師。」佛在《雜阿含經》卷六第一三〇經中也對弟子們說：「欲斷（色、受、想、行、識）五受陰者，當求大師。」《雜阿含經》卷十第二七一經也有「佛告低舍（比丘名），佛為大師」之句。

在宋代靈芝律師的《四分律行事鈔資持記》卷上一上稱：「大師者，所謂天人之師，即十號之一，以道訓人，故彰斯目。然以師通凡小，加大簡之，是則三界獨尊，九道依學，唯佛大聖，得此嘉號，自餘凡鄙，安可僭稱！」唯在《大般若經》的常啼菩薩，對法涌菩薩也稱大師。

因此，中國的佛教也比較方便，例如《僧史略》卷下，有這樣的記載：「至懿宗咸通十一年十一月十四日延慶節。因談論。左街雲顥，賜三慧大師；右街僧徹，賜淨光大師；可孚，法智大師；重謙，青蓮大師。始也。」這是朝廷對於僧官的冊封大師。

於是從此以後，「大師」一詞，也就逐漸地成了對於凡僧的尊稱。所以在晚唐以來的許多僧人，多被加上了「大師」的嘉號。要是願意研究的話，這倒是個很好的題目：晚唐以前的高僧已有被稱大師的嗎？我尚未暇細考，如果我的判斷不錯，晚唐以前唯有宗師，方被稱為大師，此如天台智者，被隋代的晉王稱為大師，便是一例。（見《唐高僧傳》卷十九）

至於居士被稱為大師的，就我所知，還不是今日的張廷榮居士的發明，那是由於歐陽竟無居士的門下，對於歐陽竟無居士的恭維，才開了頭的。

歐陽竟無跟太虛大師同是楊仁山居士的學生，他們後來所走的路向卻頗有不同，歐陽竟無很有以現代維摩自居的氣概，他根本看不起出家人，也不恭敬出家人，並且主張比丘當拜居士，這個問題曾經引起太虛大師的糾正，但也不生效果。歐陽居士對於近世的佛學，尤其是對唯識一系的貢獻卓著，他的門下也都是些有名的學者，歐陽竟無之被稱為大師，就是出於這班人的好心。他們是以學術領袖的身分去衡量歐陽竟無的，正像章太炎被稱為國學大師、張大千被稱為國畫大師一樣，那是出於純中國的觀念，是從《漢書．伏生傳》稱為大師以來的傳統觀念。最要緊的，這一觀念跟佛教無關。

我跟張廷榮居士，已有近十年的友誼，像他那樣的熱忱和勤懇，在今日的居士群中，實在是難能可貴，所以我對他的尊敬，正像尊敬所有我的其他師友一樣。他稱楊仁山及歐陽竟無為大師，已不是新近發生的事，只是新近因此事而發生了對於這個問題的爭論，所以寫出了我的所知所見。

（一九六四年九月一日，刊於《覺世》二六三期）

「舍利」考原

《中央日報》一九六四年六月二十五日第三版，有這樣一段新聞：「聯合傳播公司創辦人與中影監察人吳申叔致祭時，曾以兩粒舍利子奉獻陸氏夫婦靈前，這兩粒舍利子，為陸氏夫婦陪葬，用來祝禱陸氏夫婦早昇佛地，並慰陸太夫人慈懷。」

「吳申叔是革命元勳吳公忠信先生哲嗣，吳忠信在民國三十一年（西元一九四二年），以蒙藏委員會委員長身分，入藏主持西藏十四輩轉生達賴喇嘛坐床（登基）大典，返回之時（按其入藏應係二十八年秋，至二十九年夏季東返重慶），達賴之父以十顆活佛舍利子為贈，其中三顆舍利子則為二千五百年前釋迦牟尼佛誕生前之佛之舍利子，色白圓淨，……為佛家稀世之寶。」

「昨天下午三時，穿了黃色袈裟□□法師率領了六位法師，到了靈堂，向陸氏夫婦行『佛陀舍利那禮』。」

《中央日報》一九六四年六月二十四日第三版，則說：「今天陸運濤夫婦遺體大殮時，□□法師將把兩顆西藏活佛的舍利子，放在陸氏夫婦遺體的口腔中以陪葬。」又說：「這十顆舍利子，曾於吳忠信夫婦逝世時各陪葬過一顆。」

我讀到以上兩天有關以舍利子陪葬的新聞之後，除了對吳申叔先生的孝心及其情誼表示崇高的敬意之外，卻也覺得這是一樁做得並不能算理想的佛事。

舍利子，是佛教徒從修持身心方面所得的一種特殊結晶物，佛經中對於佛陀舍利的重視，乃是跟佛陀在世現身時一樣神聖，凡有佛陀舍利的所在，就等於佛陀所在的地方，並且規定要建塔供養；否則褻瀆了佛陀的舍利，罪過是很大的。至於高僧的舍利，佛經中也有明確規定，應該建塔供養，不過佛的舍利塔跟聖僧的舍利塔，在建築的規模上是有差別的。事實上，佛教之有寶塔，就是由於供養舍利的要求而來。舍利子的本身，並沒有太大的神祕性，凡是有了相當修持工夫的凡夫僧尼乃至俗人，同樣可以燒出或多或少的舍利子來。對於佛陀及聖僧舍利的神聖性，那是由於他們本身所修證的功德而來。所以，在佛教史上，除了建塔供養，盡其最大能力做最上莊嚴的供養，比如浙江的阿育王寺，就是因了一顆佛陀舍利而成名，故也從未見用佛陀或聖僧的舍利子給凡夫陪葬的記載。佛教對於佛陀及聖僧的遺物，都要行五體投地禮，要頂戴受持，豈可將佛陀或聖僧的舍利子，置於凡夫遺體的口中陪葬？

用珍寶陪葬的習俗，幾乎是世界各民族共通的原始信仰，這與用活物乃至用活人來殉葬的信仰是同一個源流。但在佛教的葬禮中，不但不主張用寶物殉葬，甚至不主張用高貴的棺木及新做的衣服，如果有錢有衣，應該布施貧窮及供養（佛、法、僧）三寶，這才是功德，將這功德迴向亡靈，才能使亡故的親友得到實益而超生福地。

現在，由於吳申叔先生的孝心及熱忱，竟把佛陀及聖僧的舍利子，擬作世俗的珍寶，以世俗的想法，給死人陪葬，祈亡者超生。

其實，佛在經中說：「弟子去，離吾數千里，意念吾戒，必得道；在吾左側，意在邪，終不得道。」這就是說，實踐佛陀教法的人，雖遠隔佛陀數千里，也等於在佛前；若不實踐佛陀的教法，縱然天天伴著佛，也沒有用。

佛教不是迷信神祕的宗教，佛教完全是著重在人生行為的善惡價值，如果對於佛法能夠信受奉行，扶困濟弱、布施放生、供養三寶、持戒、習定、修慧，那是必定超生的，乃至能夠解脫生死而超凡入聖。否則的話，即使抱住了二千五百多年以前的釋迦佛腳，乃至與佛同處同時火葬，也無多少功德可言，也無超生佛土的希望。用舍利子陪葬，又有什麼用呢？這樣當可安慰並不了解佛法真義的陸氏夫婦親屬。所以，說得明白一些，這是一種可敬而並非可法的事。

本文曾於一九六四年七月發表於《覺世》旬刊二五八期，但到一九六七年夏季，吳申叔先生自己也病逝之後，仍請那位法師在他口中安放舍利，可知那是出於一種信仰的行為。因此，當本書出版之時，便將它修改補充了一些。

現在且對舍利的觀念略加考證如下：

根據《大乘金光明經．捨身品》中說：「是舍利者，乃是無量六波羅蜜功德所熏。」又說：「舍利者，是戒、定、慧之所熏修，甚難可得，最上福田。」這是將色身舍利比同法身舍利的智慧功德而成的觀念。

在比較原始的經律中，所稱的舍利，大抵是死人的屍骸。例如《長阿含經・遊行經》將佛陀入滅之後尚未火化時的色身，即稱為舍利，火化時有些人還怕佛的舍利燒光了，故有諸末羅等各相謂言：「今火猛熾，焰盛難止，闍維舍利，或能消盡。」火化後的遺骨也均稱為舍利，所以同經把分取佛陀舍利，稱為「來請骨分」。

《雜阿含經》卷四十六第一二二七經，波斯匿王的祖母死了，闍維之後，也有「供養舍利畢」之句。可知舍利也不僅限於出家聖賢才有，在家凡夫的屍骸，同樣是稱為舍利。

因此，在《玄應音義》卷六說：「舍利正音設利羅（śarīra），譯云身骨。舍利有全身者，有碎身者。」

《四分律行事鈔資持記》卷下四之一〈釋瞻病篇〉也說：「舍利此翻遺身，即死屍也。」

我國唐朝的韓愈，諫憲宗皇帝迎佛骨，其實那佛骨就是舍利。

到了宋仁宗時，還有印度僧人善稱等九人，帶來梵經、佛骨、菩薩像等。此所稱的佛骨，其實即是舍利。

所稱全身舍利與碎身舍利之分，出於《菩薩處胎經・常無常品》等所說，其源出印度的梨俱吠陀時代，有兩種葬法，埋葬的是全身舍利，火葬的即成碎身舍利。

由於火葬所得的碎身舍利，《法苑珠林》卷四十，將之又分為三種：一是骨舍利，其為白色；二是髮舍利，其為黑色；三是肉舍利，其為赤色。這是因修持功德而於火化之時，使身體的若干組織凝為結晶物的結果。正因此為結晶物，所以在《法苑珠林》卷四十又說：「若是佛舍利，椎打不碎；若是弟子舍利，椎擊便破矣。」這個椎打不碎的記載，最初是由「金剛不壞身」的思想而來，本係指其法身。佛的法身不壞，故稱金剛不壞，實則佛的色身照例也要示現無常敗壞。例如《浴佛功德經》中說到，佛舍利分有身骨舍利及法頌舍利的兩種，佛的遺骨為身骨舍利，佛的遺教為法頌舍利，此處的法頌舍利，實即法身理體的表現。後人將佛的法舍利與骨舍利的價值，同等看待之後，便信仰佛的身骨舍利，也是椎打不碎的。

佛舍利椎打不碎的記載，初見於梁朝僧祐所撰的《出三藏記集》卷十三，敍述康僧會在東吳初化孫權的時候，因為孫權問他佛法的靈驗，康僧會便於三七日中，虔誠祈請，感得佛陀舍利，打擊不碎。此在梁朝慧皎所撰的《高僧傳》卷一〈康僧會傳〉中亦做如此記述：僧會將舍利呈給孫權，因見舍利瓶上出現五色光炎，所以讚謂：「希有之瑞。」僧會則進而言曰：「舍利威神，豈直光相而已，乃劫燒之火不能焚，金剛之杵不能碎。」孫權便命當場試驗，乃將舍利置於鐵砧鎚上，由力士擊之，結果「砧鎚俱陷，舍利無損」。此一舍利不是由印度帶來，而是由康僧會的虔誠祈求而感得，其有神力加持，打擊不碎，深可置信。

其次，在日本佛教史上，也有類似的記述，例如《日本書紀》第二十所載，敏達天皇十三年條下，說有司馬達等，於齋食之上感得舍利，獻於馬子宿禰，馬子即將舍利置於鐵質之中，再用鐵鎚擊打，試其真偽，結果鐵質及鐵鎚俱毀，舍利依然無恙。這一舍利，也是虔誠感得而非來自印度。由其打擊不破，故又有個「堅固子」的稱呼。

因為舍利可憑虔誠心祈求感得，不必要到印度去求，於是在中國佛教的傳記之中，便有許多人感得各種各樣的舍利，最普遍的是油燈燭火上出現的燈花舍利。有人寫經時，筆端出現舍利；洗面時，臉上落下舍利；掃榻時，床上也能發現舍利。這種由神異化現的舍利，若按之於梵文的原義，倒有商榷其名稱的餘地了。

當然，舍利的神異不可思議的事蹟，乃為史不絕書的事實。最顯著的，佛陀的真身舍利，能夠從一粒大的生出許多小的，小的漸次又長成大的，如此輾轉，生生不已，所以自佛滅度以來，佛的真身舍利，曾為廣大的地區及眾多的信徒迎請供養。最初分為八國各建一塔；阿育王時建八萬四千塔，就八萬四千舍利；《大唐西域記》卷十二說玄奘三藏自印度東歸，也請回了如來肉舍利一百五十粒。奘師當時在印度所見的佛舍利，據《大唐西域記》所載，迦畢試國由龍王所建的窣堵波（塔）中，供有如來骨舍利一升餘；王城西北大河之南岸舊王伽藍中，供有如來頂骨一片；西南舊王妃伽藍的窣堵波中，安有如來舍利升餘；西南比羅娑洛山的象堅窣堵波中，也藏有如來舍利一升多。這些塔中的舍利，竟達一升以上，必係歷年的新生，否則佛陀的舍利，既已廣泛分布，不會尚有如此之多的。

在中國，供養如來真身舍利的，自古即有不少，據《廣弘明集》第十五所舉，共有十七座塔；又據《法苑珠林》卷三十八所載的，則有十九座塔。（有關塔與舍利的關係，請另參閱本書第十篇〈佛教的道場名稱〉）

總之，舍利的原義是人的遺骸屍骨，梵語 Śarīra，音譯為設利羅、室利羅、實利、舍利，遺骸的任何部分，不論是什麼形狀，均名為舍利。

「龍象」考物

龍的記載，在東、西方的典籍之中都有很多，但據近世地質學家及考古學家從地層下的發掘，只知有恐龍的化石，那是生存在數千萬年以前的動物。直到近四十年來——自一九二八年一月起，又有人在英國北部蘇格蘭地方，一個叫作洛霍納斯的湖泊中，陸續地被人發現了藏有幾隻仍然活著的恐龍的踪跡；一九六二年，又有英國的空軍人員，曾在馬來亞西北岸海外的桑桑島及提洛島，也發現有恐龍的存在。恐龍的形狀類似蜥蜴而且巨大，在洛霍納斯的湖泊中，有一隻身長約二十公尺。這些史前的動物，是水陸兩棲而又慣於水中生活的。這是關於龍的記載有科學根據的部分。

但在東、西方的傳說中，龍的形態，與恐龍不盡相同。中國對龍的傳說很多，但都以為是一種能夠興風作浪與駕雲行雨的神物，所謂神龍見首不見尾，在民間於暴風雨前，往往有人見到烏龍戲水的自然景象，那也只是在雲層下垂時所見的一種形似的龍尾而已，至於龍的全貌是看不到的。但在傳說中的龍，那是蛇身、獅頭、鹿角、人鬚，而有四隻雞腳的，平時潛之於深淵，居之於龍宮，在必要行雨之時，牠便飛騰於虛空，凌雲而御風，所以風調雨順全賴於龍的恩惠。故在古代，對於龍的觀念，特別神聖。古之聖王如伏羲氏，《左傳》郯子就說：「大皞氏（即伏羲）以龍紀。」以後的帝王，亦以龍自況。皇帝穿龍袍，便是一徵。在西洋，亦以龍為神獸，為一種能飛翔的大蛇，並為戰勝的象徵，且有帝王用龍為徽幟，其流傳的觀念，跟中國幾乎是一樣的。

在印度，龍的傳說也是很多的，但是龍的形態，則與中國的傳說略異，如《善見論》卷十七中說：「龍者，長身無足。」在律中有龍子進佛寺聽法：比丘們見之如小蛇，便以繩繫而棄之於外，龍子哭告其母，龍母轉求於佛，佛遂告諸比丘不得傷蛇。以此可見，龍之與蛇，形狀相同，並且無足，這與中國的龍有四腳的觀念是兩樣的。又在慈雲之《天竺別集》卷上中說：「夫龍，一鱗蟲耳，得一滴之水，散之六虛以為洪流。」可知龍的神力很大，龍要降雨興雲，並不要從海中吸水之後，再去降雨。

龍在佛典之中，共分四類，那就是天龍、空龍、海龍、陸龍。天龍居於天界，是天界的守護神，是介於天人與畜類之間的眾生，有天的福報，也同時受有畜類的業報。佛教的護法天龍，多是這一類。空龍居於空，陸龍居於陸，海龍居於海。佛陀初在拜火的迦葉處降伏毒龍，目犍連尊者所降伏的難陀與鄔波難陀兩惡龍、沙伽陀尊者所降伏的毒龍，都是陸居而水陸兩棲的，並且也可進入大海；陸龍可以入海，入海之後，身體長大了，仍可復歸陸。這倒有點像是恐龍的性能，但其並不即是恐龍，也是顯而易見的。佛典中的龍都能變形，隨心所欲，要變什麼，就變什麼，有的受了佛的感化，竟然變了人形來向僧團中求受比丘戒。由於龍的業報，有五時不能變形，那就是：出生時、睡眠時、行淫時、瞋恨時、死亡時，所以佛陀不許非人出家，非人的主要分子便是龍。龍在佛陀時代是非常活躍的，多半是受了佛及佛的大弟子們的降伏而皈依了三寶，所以成了三寶的護法。龍皆有其眷屬，眷屬的首領便是龍王，這與另外傳說的四海龍王管理一海的觀念稍有不同。所以，凡有一個龍的首領皈依了三寶，就會有更多的龍子龍女也來皈依三寶。

龍雖是福報、罪報相雜的一類眾生，但是龍的果報則有千差萬別。比如《法華經》中的龍女能夠一時轉女成男而為佛身。另有伊羅鉢龍王，雖有神力，能將自己變為轉輪聖王身而見佛陀，但他由於在迦葉佛時做比丘而輕慢佛所說法，便墮龍身受極大苦，身有七頭，頭上生樹，風吹樹搖，身出膿血，痛苦無窮，而又壽長一劫，至彌勒佛出世，人壽八萬歲時，才能捨此長壽龍身。

龍是畜類中的神靈之物，故在佛典中，佛雖不許非人出家，龍卻每有求受三皈五戒，乃至八關齋戒的，龍對佛法的領納與受益，簡直與天人相似，佛度的第一個畜生弟子就是龍。所以佛教對於龍的地位，也很重視，比如尊稱佛的諸大羅漢弟子，為僧中的龍象，因為象是地面的大力者，龍則兼為水、空的大力者。

龍在佛典中的記載極其豐富，龍的梵語稱為那伽（Nāga），它是八部鬼神之一類，有惡的、有善的。釋尊初成道，即在優樓頻螺聚落，降伏害人的毒龍，此後又有善來尊者於失收摩羅山，降伏侵擾人畜的毒龍。可是釋尊降生之時，即有難陀及鄔波難陀龍王，在虛空中吐清淨水，一涼一熱為太子浴身。

因此，《正法念處經》卷十八〈畜生品〉說，龍王為畜生所攝，乃為愚癡瞋恚者所受的果報，其有法行及非法行的二種。法行的龍王，瞋恚心薄，憶念福德，隨順法行，所以不受熱沙之苦，常以善心降雨，成熟世間五穀；非法行的龍王不順法行，常行不善，不孝父母，不敬沙門、婆羅門，故其常為熱沙所燒，於南閻浮提現大惡身，起暴風雨，摧壞五穀。

據《長阿含經》卷十九〈龍鳥品〉，說龍有卵生、胎生、濕生、化生，常受卵、胎、濕、化四生的金翅鳥所吞食。

《佛母大孔雀明王經》卷上，則說龍王有行於地上，有住於水中，有常居空中，有恆依妙高山王而住。其形或一頭、二頭乃至多頭，或無足、二足、四足乃至多足。同經卷中，舉有一百六十餘個龍王，都是具大福德，若稱其名，便可獲大利益。

龍雖畜道眾生，卻有許多是大菩薩的權現龍身，所以在《大智度論》卷三十等敍述龍也具有不可思議的神通境界。在《海龍王經》，佛陀為龍王之子威首及龍王之女寶錦授記做佛；《法華經．提婆達多品》，記載八歲的龍女往南方成佛。

龍既有如此不可思議境界，故其居處的龍宮也極莊嚴，例如《長阿含經》

卷十九〈龍鳥品〉中說，娑竭龍王之宮在大海的水底，縱廣八萬由旬，有七重宮牆、七重欄楯、七重羅網、七重行樹，周匝嚴飾，皆是七寶所成，乃至無數眾鳥，相與和鳴。又據《正法念處經》卷六十八〈身念處品〉也說，閻浮提南方有一大海，海水之下五百由旬有龍王宮，是以種種珍寶莊嚴而成。這些龍宮已如天宮，所以這些龍王也信受佛法，並做外護，例如《大方等大集經》卷四十五，即記載有娑伽羅龍王，抄了《日藏授記大集經》，置於龍宮；又據《龍樹菩薩傳》中稱，大龍菩薩，將龍樹菩薩接入龍宮，開七寶藏，授予諸方等深奧經典。可知，龍王仍是大乘經典的守護者。

在中國，也有龍的信仰，《翻譯名義集》卷二說：「《說文》云龍為鱗蟲之長，能幽能明，能小能大，能長能短，春分而登天，秋分而入地。」《廣雅》則說：「有鱗曰鮫龍，有翼曰應龍，有角曰虬龍，無角曰螭龍，未升天曰蟠龍。」故以龍為神物，乃中國古來的信仰，且以天子比龍，尊龍的思想可以想見了。

但是古來所稱的龍，近代人殊不得見，縱然龍的遺骸，也未發現過（中藥處方內的龍骨，是動物化石，不是真的龍骨）。這是由於龍既屬於神物，壽必長而隱必祕的緣故了。

據近代學者研究，龍在印度，原為蛇崇拜的神格化，故有以蛇作龍的記載。印度土族之中，由於蛇圖騰的信仰，故有一種龍族的人民，現在的東北印度阿薩姆（Assam）地方，尚有龍蛇崇拜，同時各地至今尚存有龍城的名稱，因此就有人以為，龍樹所入的龍宮，可能是人間的龍族之居，而非海底。不過從許多的佛典記載，考察龍宮的所在，有的固在海底，也有在陸地的，或在沼澤地帶，或在山間。

再說「龍象」。其實，龍象並非二物，佛典中所稱的象，除了指明四蹄的大象，如果龍象並稱，必是一物而已，因為「那伽」一語，可譯作龍，亦可譯作象，佛世的羅漢弟子中，凡是修行勇猛、有最大力的，釋尊即稱他們為龍象。例如舊譯《華嚴經》卷七中說：「威儀巧妙最無比，是名龍象自在力。」《大智度論》卷三則說：「那伽，或名龍，或名象，是五千阿羅漢，諸阿羅漢中最大力，以是故言如龍如象。水行中龍力大，陸行中象力大。」

但在中國古德的解釋，恰巧與上說的相反，認為龍象即是象而別無龍。例如《維摩經．不思議品》的「譬如龍象蹴踏」一句，僧肇的註釋是：「象之上者，名龍象也。」嘉祥對此也疏說：「此言龍象者，只是一象耳，如好馬名龍馬，好象龍象也。」若按梵文那伽的原義來說，僧肇及嘉祥的解釋，或有重行審察的餘地了。

國家圖書館出版品預行編目資料

學佛知津 / 聖嚴法師著 . -- 三版 . -- 臺北市 :
法鼓文化 , 2017. 02
面 ; 公分
ISBN 978-957-598-741-1 (平裝)

1. 佛教 2. 佛教教化法 3. 問題集

220.22 105024579

學佛入門 7

學佛知津

Finding the Path of Practicing Buddhism

著者 聖嚴法師
出版 法鼓文化
總審訂 釋果毅
總監 釋果賢
總編輯 陳重光
編輯 詹忠謀、李書儀
封面設計 化外設計
內頁美編 小工
地址 臺北市北投區公館路一八六號五樓
電話 (02)2893-4646
傳真 (02)2896-0731
網址 http://www.ddc.com.tw
E-mail market@ddc.com.tw
讀者服務專線 (02)2896-1600
三版一刷 二〇一七年二月
三版三刷 二〇二三年十月
建議售價 新臺幣二四〇元
郵撥帳號 50013371
戶名 財團法人法鼓山文教基金會—法鼓文化
北美經銷處 紐約東初禪寺
Chan Meditation Center (New York, USA)
Tel: (718) 592-6593 E-mail:chancenter@gmail.com

法鼓文化